〈ブログ人気No.1コーチが教える〉

幸せ成功力を日増しに高めるEQノート

野口嘉則
Noguchi Yoshinori

日本実業出版社

「幸せ成功力」は あなた自身の中にある

こんにちは。幸せ成功力コーチの野口嘉則です。

あなたは「幸せ成功力」という言葉を見て、どんな能力のことだと思いましたか？

そして、あなた自身は、その能力をどのくらい持っていると思いますか？

（その答えは、このプロローグの中でわかります）

本書の目的は、「幸せ」と「成功」を同時に実現するための５つのステップをお伝えすることです。とくに、次の３タイプのどれかに当てはまる人には、とても役に立つと思います。

（１）望む人生をなかなか実現できない人

- 書店にあふれる自己啓発書や、「幸せ」「成功」と名のついた本を読んでも、なかなか自分自身が変われない人
- 著名な成功者のインタビュー記事やセミナーの内容に感動して新しい試みを始めたものの、長続きせずに結局もとの自分に戻ってしまう人

（２）目標は達成しているのに精神的に満たされない人

- ビジネスで成功したり、好きな異性と結婚できたにもかかわらず、心の中に満たされない部分を抱える人
- 常に何かに追いかけられている感覚があって、心の平安が得られない人

（３）「幸せ」と「成功」の両方を同時に実現し続けたい人

「幸せ成功力」の2大要素とは？

仮に、成功という言葉を「目標を達成すること」という意味で使うとすると、世の中にはいろいろな成功が存在します。しんどい成功、不安がつきまとう成功、孤独な成功、家庭を犠牲にする成功、休む暇がない成功、リラックスできない成功……。

本書を読んで下さるあなたに実現してほしいのは、もちろん「幸せな成功」です。私は、この幸せな成功を実現する力を「幸せ成功力」と呼んでいます。

つまり、**「幸せ成功力」とは、精神的に満たされた状態で、目標を次々と達成し続けていける能力**なのです。「大切なものを犠牲にせずに、あなたらしさを土台にして成功を実現する能力」と言うこともできます。

この幸せ成功力は、**ＥＱ能力**と**目標達成力**の２つの要素からなります。

私はコーチングのプロとして、これまでに150人以上のクライアントの自己実現をサポートしてきましたが、ＥＱ能力と目標達成力を同時に高めていくコーチングによって、多くのクライアントが画期的な成果を出されています。

そのことがクチコミで広がり、私のコーチングを希望される方があとを絶たなくなりました。もう１年も前からクライアント枠が定員いっぱいの状態が続いています。

私のコーチングを希望される方が多いのは、決して私自身がすごいからではありません。ＥＱ能力と目標達成力という２つのベーシックな能力を高めることで生まれる効果が、すごいのです。

そして、本書ではこの２つの能力を同時に高めていく方法として、「５つのステップ」を紹介していきます（くわしくはChapter４を参照のこと)。

ここで、ＥＱという言葉についても説明しておきましょう。ＥＱとは、Emotional Quotient の略で、「感情指数」などとも訳されます。このＥＱを２つの要素に分けると、「自分自身のことを理解し受け入れる能力」と「他者を理解し受け入れる能力」とから構成されます。

ＥＱはよい人間関係を築いていくうえで、一番重要な能力と言われています。そして、ＥＱこそが恋愛や夫婦関係、子育てなどの人間関係はもちろん、ビジネスにおける成果の鍵をも握っている能力なのです。

アメリカの心理学者ダニエル・ゴールマンも、ＥＱの高い経営者の方が、そうでない経営者より業績を上げているという調査結果を発表しています。リーダーのＥＱ能力が、組織（チーム）の業績をも左右するのです。

わかっているのに行動できないのは、なぜ？

私は昔から、自己啓発書や「成功法則」と名のつく本を読んだり、成功者の講演を聞いたりするのが好きでした。しかし、本を読み講演を聞いても、なかなか自分を変えることができないでいました。

「なりたい自分」と「現実の自分」のギャップが、なかなか埋まらなかったのです。

その原因を、心理学を学ぶようになって知ることができました。

私たちの**無意識の中には、過去から繰り返してきた習慣的なパターンがプログラムされています。**その無意識の中に潜むプログラムがブレーキになっていたのです。

つまり、自動車のアクセルを踏みながらも、同時にブレーキを踏んでいるようなものです。だから、やる気が空回りして前に進まなかったのです。

多くの人が、この無意識の中に潜むプログラムにコントロールされています。逆に、**このプログラムをうまくマネジメントして、心のブレーキを外すことができれば、幸せ成功力は飛躍的にアップする**のです。

そして、ここで心理学的な手法がすごく役に立つのです。

私は、コーチングのプロになる前は心理カウンセラーだったのですが、さまざまな心理療法を使ってクライアントの問題解決をサポートしてきました。

その後、自己実現を目指す人のコーチングを始めるようになって、いくつかの心理学的な手法が、クライアントの自己実現を最速化するうえで、非常に効果があることに気づきました。

つまり、**心理療法**は精神的な問題を抱える人の問題解決に役立つだけではなく、**自己実現を目指す人の目標達成やＥＱ向上にすぐれた効果がある**ことに気づいたのです。

とくに、本書のChapter 4で紹介する「５つのステップ」を完成させるうえで参考にさせていただいたのが、エリック・バーン博士の交流分析（ＴＡ）、アルバート・エリス博士の論理療法、アーロン・ベック博士の認知療法です。

1冊の本との出会いが、人生を変えるきっかけに

もう１つ、大切なことをお伝えしたいと思います。

幸せ成功力は、最初からあなたの中にあるということです。多くの成功者が、「成功する力は、最初から私の中にあった」と言っていますね。

ですから、何か新しい能力を身につけるのではなく、**あなたの中にある能力を開発して引き出す**のです。
この本で紹介する「５つのステップ」も、あなたの潜在能力を引き出すよう作っています。

ぜひ、あなた自身の可能性を信じて取り組んでみて下さい。

自分の中にある力を発揮して成功した人たちは、「人生を変えるきっかけになった出会い」を経験しています。そして、その出会いの中には、本との出会いもあります。
実際、多くの成功者が、「あなたの成功に影響を与えた本はありますか？」という問いに対して、何冊かの本を挙げています。

ベストセラー作家の本田健さんも、「本は自分にとって、いちばん安くていちばん人生を変えてくれるすばらしいツール。一番身近なメンター（人生を導く師）になり得る」（『本調子』清水克衛、本田健ほか著、総合法令刊）とおっしゃっています。

私にも、人生を変えるきっかけになった本がいくつかあります。本書を執筆するにあたって、
「この本が、あなたの人生にとって何かのきっかけになる本であるように」
という願いを込めて書きました。本書が、あなたのこれからの人生に、キラリと光る何かをもたらすことを願っています。

なお、以下に紹介するブログで、幸せに成功するためのさまざまな情報を公開しております。どうぞ参考にして下さい。本書で紹介する５つのステップに取り組む際に読むと、さらに効果があると思います。

ブログ「幸せ成功力を日増しに高めるＥＱコーチング」
http://coaching.livedoor.biz/

いつかあなたと、おたがい幸せな成功者として会える日が来ることを、楽しみにしております。

2006年１月

野口 嘉則

<ブログ人気No.1コーチが教える>

幸せ成功力を日増しに高めるEQノート

Contents

プロローグ

Chapter 1 なぜ、人生で同じパターンを繰り返してしまうのか？

Chapter 2
わかっているのに やめられない人たち

Chapter 3
あなたを駆り立てる「無意識の声」

Chapter 4
「幸せ成功力」を日増しに高める5つのステップ

Chapter 5
「幸せ成功力」を手に入れた人たちの新しい人生

エピローグ

装幀／守先　正
本文DTP／ムーブ
イラスト／清正

Chapter 1

なぜ、人生で同じパターンを繰り返してしまうのか？

Section 1

望む人生を手に入れるために必要な材料を知っていますか？

「このままいけば、あなたの望む人生は実現しますか？」という質問に、YESと答えることができる人は、意外に少ないようです。

逆に言えば、「このままでは、望む人生は実現できない」とわかっていて、妥協して生きている人が多いということですね。

「いつかは、なんとかする」と思いながら・・・。

あなたは、どうですか？

さて、ここでとても重要な２つの質問をします。あなたが望む人生を実現するための鍵になることを確認する質問です。

❶あなたは、「どんな人生を実現したいか」を明確に具体的に語れますか？

Yes　No

❷その人生を手に入れるためには、“何が必要なのか”を知っていますか？

Yes　No

この２つの質問に対してYESと答えられるようになることが、望む人生を実現するためにとても大切です。
ここで、２つ目の質問に対する答え、つまり「望む人生を実現する材料」について考えてみましょう。

料理を作ることを例に考えてみます。たとえば、あなたが「カレーライスを作って食べたい」と思ったとします。
そこであなたが、カレーライスを作るために必要な材料を知らなかったら、あなたは永遠にカレーライスを食べることができませんね。

「たしか、カレーには牛肉とニンジンが入っていたな」と考えて、牛肉とニンジンばかりを集めても、カレーライスはできません。牛肉とニンジンはカレーライスの材料にはなりえますが、これだけではカレーライスはできません。
カレールーやお米など、カレーライスを作るには不可欠な材料を知らない限り、永遠にカレーライスを作ることはできませんね。

望む人生を実現するためには、望む人生を実現するために必要な材料を知っておくことが、とても大切です。
私たちは、知らない材料を「調達しよう」とは思わないからです。

もちろん、どんな人生を望むのかによって、必要となる材料も違ってきます。しかし、すくなくとも幸せな人生を実現するためには、不可欠な材料というのがあるのです。
まず、あなたが望む人生を実現するために必要な材料を挙げてみて下さい（読むのをいったんやめて、次ページのmemo欄に書き出してみて下さい）。

memo 材料リスト

どんな材料が挙がりましたか？

ある人は、次の８つを挙げました。

お金、才能、友だち、家族、名声、美貌（ルックス）、自由な時間、運（ツキ）。

なるほど！　しかし、この８つでは、決定的に大切なものが欠けていますね。そう、必須材料が１つ欠けています。

その答えを知るために、１人のハリウッド・スターの人生を見てみましょう。

Section 2

マリリン・モンローは、なぜ幸せになれなかったのか？

マリリン・モンローといえば20世紀を代表するハリウッド女優の１人ですね。亡くなった今もファンの方がたくさんおられます。

お尻を揺らす個性的な歩き方は、モンロー・ウォークと呼ばれ有名になりました。

彼女は女優として大成功し、名声を得ました。しかし、彼女の生活は孤独に満ちたものだったと言われています。

彼女は、幸せな結婚生活を夢見ながらも、愛を育てることができず、自分から関係にピリオドを打つような行動パターンを持っていました。

最初の結婚相手は、ジム・ドアティという人でした。

２人目の夫は、大リーグのスーパースター、ジョー・ディマジオ。

そして３人目は、劇作家のアーサー・ミラーでした。

彼女は、結婚した３人以外にもフランク・シナトラ、イブ・モンタン、ケネディ大統領、そして、その弟のロバート・ケネディなど、次々と男性遍歴を重ねていきました。

彼女は子どもを産んで幸せな家庭を築くことに憧れたそうですが、それを実現することはありませんでした。

彼女は睡眠薬や精神安定剤などのドラッグやアルコールにおぼれるようになり、自殺も何度か図りました。

そして、36歳の時に、自宅で死んでいるのを発見されました。血液中から大量の睡眠薬が検出されたそうです。

なぜ、マリリン・モンローは、幸せな結婚生活を望みながら、それを手に入れることができなかったのでしょう？

そして、**あなた自身はどうですか？　望みながら、手に入れられないでいるものはありますか？**

memo 今のあなたの気持ちを素直にメモしておきましょう。

Section 3

富と名声と美だけでは幸せになれない

「成功してお金と名声を手に入れたら幸せになれる」
「運（ツキ）に恵まれたら幸せになれる」
そう信じている人もいると思います。

女性でしたら、「美しさを手に入れたら幸せになれる」と思っている人もいるかもしれません。
はたして本当に、そうなのでしょうか？

マリリン・モンローは、ある時期から運（ツキ）に恵まれ、ハリウッドの大スターにまでなりました。そして、お金と名声と美を手にしていました。
しかし、望む人生を実現することができず、ドラッグとアルコールにおぼれるようになったのです。

たしかに、お金も名声も美しさも、あなたが望む人生を手に入れるための道具になりうるでしょう。運（ツキ）も強い味方になると思います。
しかし、もう１つ必要なものがあるのです。

それは、外に見つけるものではありません。あなた自身の心の中にあるのです。
それは、**「幸せになる考え方」**です。私はこれを、**「心の中の自己実現型プログラム」**と呼んでいます。

「幸せになる考え方」とか「自己実現型プログラム」というと、

何かたいそうなものを想像する人もいるかもしれません。「これらを身につけるのは難しいことだ」と思っている人も多いはずです。

しかし、それは大いなる誤解です。まったく難しいことではないのです。

なぜなら、**私たちは本来、“幸せになる考え方”を生まれながらにして身につけている**からです。

小さな子どもが、自分の欲求に対して素直に行動する姿を見ていても、私たちの中に自己実現型のプログラムの原型が備わっていることがうかがえます。

では、大人になって、望む人生を実現できている人が少ないのはなぜなのでしょうか？

それは、大人になる過程で、「自己実現を妨げるプログラム」をインストールしてしまったからなんです。

ベースに自己実現型プログラムを持っていながら、その上に、それを妨げるプログラムを追加してきているわけです。

それらを追加した結果、「妥協の人生実現型プログラム」とか「そこそこの人生実現型プログラム」になってしまう人が多いのです。

つまり、プロローグでお話ししたように、アクセルを踏みながら、同時にブレーキも踏んでいる状態になっているのです。これでは、どんなに素晴らしい道具を手に入れ、どんなにアクセルをふかしても空回りするのは当然です。

マリリン·モンローも、人生でそれを演じ続けた１人だと思われます。

もし、このブレーキをはずすことができたら、どのくらいスムーズに車が前進し始めるかを想像して下さい。

「妨げるプログラム」さえ外していければ、私たちの中に本来備わっている「自己実現型プログラム」が動き始め、私たちは成長し始めるのです。

それを実現するためにも、まず、ブレーキの正体をしっかり見ていきましょう。マリリン・モンローの心の中に、どんなブレーキがあったのかも探ってみましょう。

prologue
Chapter 1
Chapter 2
Chapter 3
Chapter 4
Chapter 5
epilogue

Section 4

心のブレーキの正体は「ビリーフ」だった！

マリリン・モンローの心のブレーキを探る前に、私たちがどのようにして自分の人生をつくっているか、についてお話ししておく必要があります。

あなたには、今何か悩んでいることがありますか？　あるいは、問題や困っていることはありますか？
そして、それらの「本当の原因」が何かを知っていますか？

たとえば、会社員のＳさんが、職場の上司との関係で、会社に行くのも嫌なくらい悩んでいるとします。
「あんな上司の下では、仕事する気になれないのは当然だ」と言っています。

つまり、自分の悩みの原因は、“自分の上司”だと言っているわけです。本当にそうでしょうか？
Ｓさんと同じ職場で同じ上司の下で働いている人たち全員が、Ｓさんと同じように悩んでいるわけではありません。同じ上司に対しても、Ｓさんよりいい関係をつくっている人もいれば、上司との関係がどうであれ楽しく働いている人もいるのです。

という事は、Ｓさんの本当の悩みの原因は、“上司”にあるのではなく、“Ｓさん自身の中”にあることになります。

別の例で考えてみましょう。
あなたの親友が、突然あなたに対して怒りをぶつけてきたとします。この出来事に対して、あなたならどんな状態になりそうですか？

これも、人それぞれ違うのです。

ある人は「怒らせてしまった」と落ち込み、別の人は「攻撃された。許せない！」と腹を立て、また別の人は、あまり気になりません。さらに別の人は「あの人すぐ感情的になって、人にきついこと言っちゃうんだよね。それを直せたら、もっと友だちが増えるのに」と相手のことを心配するかもしれません。

同じできごとに出会っても、その結果、どんな気持ちになったりどんな行動をとったりするかは、人それぞれなのです。

つまり、人がどんな状態（感情、行動）になるかという事は、できごとや状況によって決まるのではないのです。

そのできごとや状況に対する「その人特有の受けとめ方・考え方」によって決まるのです。

ということは、**私たちが傷ついたり、腹を立てたり、悩んだりする、その本当の原因は、相手（他人）や状況にあるのではなく、私たち自身の受けとめ方・考え方にある**ことになります。

そして、私たちの受けとめ方·考え方を決めているのが、これから紹介する**ビリーフ**なのです。

Section 5

突破口を教えてくれる「ＡＢＣ理論」

人の受けとめ方・考え方を決めているのは、その人の思い込み・信じ込みなのです。この思い込み･信じ込みのことをビリーフといいます。

このことをわかりやすく説明してくれるのが、アルバート・エリス博士の**ＡＢＣ理論**です。

できごと（Activating Event）を、ビリーフ・信じ込み（Belief）で解釈して、結果（Consequence）としての感情や悩みがつくり出されます。私たちの人生の現実をつくり出してきたのは、他人や外部の環境ではなく、私たち自身の中にあるビリーフだったのです。

ある主婦Ｔさんの話を紹介します。

Ｔさんは、ある朝ゴミを出しに行きました。そこで、ご近所の奥さん（Ｘさん）に会ったので、「おはようございます」とあいさつをしました。

ところが、そのＸさんは、Ｔさんを無視して、不機嫌な顔で去っていったのです。

Ｔさんは非常に不安になりました。

「どうしよう！　私、嫌われてるんだわ」

Tさんは、その日は他の事に手をつけられませんでした。そして、落ち込んでしまいました。

「私が何をしたっていうの？」

「何か、Xさんの気にさわるようなことをしたのかしら？」

Tさんは、翌朝、ゴミを出しに行けませんでした。「また、Xさんに会ったらどうしよう」と考えると、外に出るのも嫌な気がして、また落ち込んでしまいました。

さて、この話の中で起きたできごとから考えてみましょう。下の図をご覧下さい。

起きたのは、「あいさつをしたのに無視された」というできごとです。これがAですね。

そして、結果として不安になり、パニックになり、落ち込んだわけです。これがCです。

さて、では虫食い問題です。

Bの部分にどんなビリーフがあると思いますか？　Tさんは、何を信じていたのでしょう？

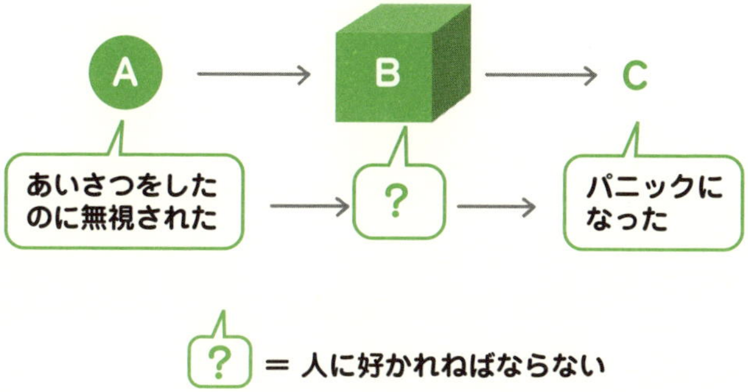

いくつか考えられると思います。

実際、Ｔさんの場合は、「人に好かれねばならない」と信じていたのです。このビリーフは、「人に嫌われるべきでない」と言い換えることもできます。

「人に好かれねばならない（人に嫌われるべきでない）」と信じていたので、「人に無視される（人に嫌われる）」という現実に直面した時に、度を越えてパニックしてしまったわけです。

起きてはならないことが起きたことになるのですから。

「すべての人から好かれる」なんていうことは、現実的には難しいことですね。

ですから、Ｔさんの持っていた「人に好かれねばならない」というビリーフは、現実的な考えではないことがわかります。

また、人間は「好き」とか「嫌い」という感情も持っているのですから、いろいろな人と出会えば、当然、好かれないケースも出てくるわけです。

しかしＴさんは、「人に好かれねばならない」と信じていたために、Ｘさんの態度に対してパニックになってしまったのです。

Section 6

望む人生を手に入れる人のビリーフとは？

この「人に好かれねばならない」のような“融通の利かない思い込み”のことを、心理学者のアルバート・エリス博士は「非合理的ビリーフ」と呼びました。

そして、この非合理的ビリーフが人生の悩みを創り出すと言っています。

「べき」や「ねばならない」という言葉を含むビリーフのほとんどは、この非合理的ビリーフです。

人生では思いどおりにならないことが多いのですが、それを「～であるべき」で解釈しようとすると、どうでしょうか？　あってはならないことにパニックになったり腹を立てたりする結果になってしまいます。

たとえば、

「相手を不機嫌にするべきではない」

「失敗してはならない」

「配偶者は私の考えを理解するべきだ」

「子どもは私（親）に従順であらねばならない」

「恋人は、いつも私にやさしくあるべきだ」

こんなふうに信じていたら、いつもパニックになったり腹を立てたりすることになりますね。

人生は、これらのビリーフのとおりにはなりませんから。

一方、いろいろなできごとに臨機応変に対応できるビリーフのことを「合理的ビリーフ」といいます。

Ｔさんの場合で考えてみましょう。

もし、Ｔさんのビリーフが、「人に好かれるに越したことはない」というものだったらどうでしょう？

「人に好かれるべき」というビリーフと比べると、ずっと融通が利きそうですね。

「人に好かれるに越したことはないけど、人間だから“好き嫌い”もあるさ」というように続けることもできそうです。

この場合、Ｘさんに無視された時点では、一時的にがっかりしたり悲しい思いをするかもしれませんが、度を越えてパニックになる

非合理的ビリーフ	合理的ビリーフ
「相手を不機嫌にするべきではない」	「相手を不機嫌にしない方がいい」
「失敗してはならない」	「失敗しない方がいい」
「配偶者は私の考えを理解すべきだ」	「配偶者は私の考えを理解してくれるに越したことはない」
「子どもは親に従順であらねばならない」	「子どもは親に従順であるに越したことはない」
「恋人はいつも私にやさしくあるべきだ」	「恋人はできるだけ私にやさしくしてくれた方がありがたい」

ことはありません。これを「健全ながっかり」「健全な悲しみ」といいます。過剰に落ち込み続けることもないし、翌朝ゴミを出しに行けないということにもならないわけです。

合理的なビリーフを文章にしたときに「〜であるに越したことはない」というファジー（あいまい）な文章になることがポイントです。このファジーさがあるからこそ、いろいろなできごとに対し、臨機応変に対応することができるのです。

ということは、あなたの中にあるビリーフを書き換えることができたら、あなたの人生は大きく変わってくるということになります。

非合理的ビリーフ	合理的ビリーフ

Section 7

ビリーフに操られないための“3つの視点”

ここで、ビリーフに関して知っておいていただきたいことが3つあります。

まず第1に、**「ビリーフは、無意識に信じ込んでいることですから、自分では自覚できていないことが多い」**ということです。つまり私たちは、自分が何を信じ込んでいるのかをわかっていないということです。

たとえば、「失敗してはならない」というビリーフを持っている人がいるとします。

その人に、「あなたは、『失敗してはならない』という考えを持っていますか？」と質問すると、次のような答えが返ってくることも多いのです。

「いいえ、思いません。失敗を避けてたら何もできませんから」

しかし現実には、何かをやろうとすると躊躇（ちゅうちょ）してしまい、行動を起こせなかったりします。この人は、自分が「失敗してはならない」というビリーフを持っていることを自覚していないのです。

たとえば、茶色のレンズのメガネをかけていれば、世界は茶色っぽく見えます。つまり、世界をそのまま見ているのではなく、茶色という色をつけて見ていることになります。

しかし、ずっとそのメガネをかけていると、そのメガネを通して見ていることを忘れてしまいます。茶色という色をつけて見ていることを忘れてしまって、自分が世界をありのまま（原色のまま）に見ていると錯覚してしまうのです。

ビリーフというのは、色がついたメガネのようなものです。色がついていても透明なので、それを通して見ているということに気づかないのです。

私たちはビリーフというフィルターを通して現実を解釈しているのですが、そのことに気づいてなくて、「自分は現実を正しく解釈している」と思い込んでいるのです。

そこで、自分のビリーフに気づくには、自分の行動パターンをよく観察する必要があります。そして、自分の人生を最も妨げているビリーフ（＝ネックになっているビリーフ）を見つけ出す必要があるのです。

第２に知っておいていただきたいのは、**「人はビリーフを通じてできごとを解釈するので、ますますそのビリーフを強化する」**ということです。

たとえば、ある人が、目標の達成に向けて行動をしているとします。そして、行動をする過程で、いくつかの問題が起きたとします。

もし、その人が、「目標を達成するのは困難だ」というビリーフを持っていれば、「やっぱり問題が起きた！　これでますます目標の達成は難しくなった」と考え、モチベーションも下がってしまうでしょう。

こんなことが何度か続いた結果、さらにモチベーションが下がって、ついにその目標をあきらめるに至ります。そして、こう思うのです。

「やっぱり、目標を達成するのは困難なことだった。それが真実だ」

つまり、人は、自分が信じているビリーフを証明するように行動し、その結果、そのビリーフを強化していくのです。

逆に、「目標は達成できる」というビリーフを持っていれば、「この問題を解決すれば、目標の達成に近づくんだな」と考え、建設的な行動を続けることができます。そして、いつしか目標を達成し、こう思うのです。

「やっぱり、目標は達成できる。それが真実だ」

こうして私たちは、自分が信じているような結果を創り出し、自分のビリーフが正しいことを証明します。その結果、ビリーフが強化されるのです。

第３に、知っておいていただきたいのは、**「ビリーフは、無意識の中にインストールされ定着している」**ということです。ですから、「今日から考え方を変えよう」と頭で意識するくらいでは、なかなか変わらないのが現実です。

たとえば、例に挙げたＴさんが、「人に嫌われたって平気」って考えようとしても、やはり人に嫌われたら、パニックになってしまうでしょう。

そこで、効果的な手順に従って、ビリーフを書き換えるトレーニングをする必要があります。

まず、自分がどんなビリーフを持っているのかを知ると、多くの謎が解けます。次の疑問の答えが見つかります。

①なぜ、人生で同じパターンを繰り返してしまうのか？

②なぜ、あの場面であの行動をとってしまったのか？

③重要な行動をいつも後回しにしてしまう理由は何か？

④なぜ、目標を達成できなかったのか？

⑤なぜ、わかっていながらやめられなかったのか？

Section 8
ビリーフは子ども時代にインストールされる

さて、私たちはたくさんのビリーフを持っていますが、その中には、役に立つビリーフもたくさんあるはずです。

一方、望む人生の実現を妨げる「非合理的ビリーフ」もいろいろ持っているはずです。

私たちは、これらのビリーフをいつ信じたのでしょう？

ビリーフの多くは、子ども時代（主に幼児時代）に信じ込んだことだと言われています。

ある子どもは、親に認められるようなことをしないと、すぐに親が不機嫌になるとします。**子どもにとって、親の“不機嫌”は、“拒否”と同じ**です。親に拒否されることは、なんとしても避けたい一大事です。

ですから、親が不機嫌になるたびに、「相手（親）に認められなければならない」と信じ込む可能性があります。

また、親に認められるようなことをした時に限って、打って変わって親が上機嫌になり、ほめてくれたとします。こうして、ますます「相手に認められねばならない」と信じ込んでいく可能性があります。

こうして「相手に認められねばならない」というビリーフを持つと、大人になっても、そして相手が親でなくても、常に相手に認められないと安心できなくなります。

この「相手に認められねばならない」も、子ども時代には、その子にとって役に立つビリーフだったのです。

子どもは、１人では生活できません。親に拒否されると生きていけませんし、親を不機嫌にすることは、自分の存在基盤が揺れるほどつらいことです。とくに、ある時期の子どもにとっては、親の愛情こそがすべてなのです。

ですから、「なんとしても、親が不機嫌になるようなことを避けねばならない」と考えるのは、無理もありません。そのように信じることで、自分の安全を確保していたわけです。

ところが、自分が大人になって、親以外の人を相手にした場合、どうでしょうか？

「相手に認められねばならない」という前提で人と付き合うと、疲れてしまいます。常に相手からの評価を得ようとしたら、自分らしさを抑えて無理をする場面も出てきます。

また、それでも相手に認められなかった場合、ひどく落ち込んでしまいます。

「相手に認められねばならない」というビリーフも、子ども時代を安全に過ごすには役に立ったのですが、大人になってみれば、自分らしく楽に生きることを妨げてしまっています。

Section 9
ビリーフは自分で書き換えることが可能である！

このように、多くの非合理的ビリーフは、幼児時代になんらかの理由があって信じたのですが、後々の人生では、望む人生を実現する妨げになっていることが多いのです。

このことを喩(たと)えて、「川を渡り終わったら、舟はいらない」と言います。

親との人間関係が中心の幼児時代を川に喩えます。川を渡る時には舟が役立つように、幼児時代には、「相手に認められねばならない」というビリーフも役に立ったわけです。

しかし、川を渡り終わって陸に上がったら舟は必要ありません。同様に、大人になって、自分で生活できるようになれば、これらのビリーフは必要ではありません。「べき」とか「ねばならない」と強く信じて生きる必要はないわけです。

しかし、多くの人は、幼児時代に役立ったビリーフを、大人になっても信じ続けているのです。

陸に上がっても、舟を背負って歩いているようなものです。これは、歩きづらいですね。

「水とコーヒーの区別ができていない」という喩えもあります。

あなたの体調が悪くなったとして、病院で診てもらう場面を想像してみて下さい。診断したお医者さんから、「内臓に問題があります。今日から水を飲んではいけません」と言われたら、どうですか？

「えーーーっ？　ちょっと待って下さい」と、あわてませんか？　ちょっとしたパニック状態になる人も多いのではないでしょうか？　水を飲まないと生きていけないからですね。

では、お医者さんの言葉が、「今日からコーヒーを飲んではいけません」だったら、どうですか？　コーヒーが好きな人はがっかりするでしょうが、パニックまでにはなりませんよね。

コーヒーを飲めなくても、生きていくうえでは問題がないからです。

「相手（親）から認められない」というできごとは、ある子どもにとっては一大事だったのです。まさに、水を飲めないのと同様、パニックするのも無理はないことだったのです。

しかし、大人になってみれば、「相手から認められない」というできごとは、がっかりする程度のことであって、パニックにまでなる必要はないことです。ところが、幼児時代に信じ込んだことがビリーフとして残っていると、パニックになり不安になってしまうのです。

これが、「水とコーヒーの区別ができない状態」です。

さて、ここまで話をすると、「自分が苦しんでいるのは、親の育て方が悪かったのだ。親のせいで、私は非合理的ビリーフをたくさん持ってしまったのだ。私は被害者だ」と考える人もいるかもしれません。

たしかに私たちは、親の育て方の影響を受けると思います。

しかし、**「どのように影響を受けるかも、自分で選択した」**と考えることができます。

実際、同じ親に育てられた兄弟姉妹が、まったく同じビリーフを持っているわけではありません。同じように育てられても、「何を信じるか」は自分が選択しているのです。

そこに気づくと、私たちは、**人生の被害者ではなく主役であること**にも気づきます。

自分で選択したビリーフだからこそ、自分で書き換えることができるのです。

Section 10

モンローが持っていた非合理的ビリーフの正体とは？

さて、ではマリリン・モンローの話に戻りましょう。

お金も名声も美しさも持ち合わせながら、望む人生を実現できなかった彼女は、何を信じ込んでいたのでしょう。

愛を育てることなく、相手の男性との関係にピリオドを打っていった彼女は、どんな非合理的ビリーフを持っていたのでしょうか。

彼女は、愛されたいという欲求が強いために、「私を愛してくれている証拠を見せて」と相手に要求しました。その一方、相手と親密になることへの怖れも持っていました。

そして、愛を強く求めていながら、相手から拒絶されるような行動に走ってしまうのです。

その結果、相手の自分に対する態度が変わると、愛が失われる前兆と感じて、次の男性を探したのです。

こうして、今の男性との関係にピリオドを打っていきました。

「愛とは失われるものである（壊れるものである）」

これが、彼女が持っていたと言われるビリーフです。彼女は、愛は失われるものと信じていたのです。

「愛は失われる」と信じていたので、親密な関係になるのが怖かったのです。そして、信じたとおりに、愛を失うような行動を繰り返したのです。

では、マリリン・モンローは、どのようにして、そう信じるに至ったのでしょうか？

彼女は、生後間もなく、親戚に預けられることになりました。その後、母親と暮らした時期もありましたが、母親が発病して、再び養育者の間を転々としました。

結局、彼女は16歳になるまでに、10か所以上の家を転々としたそうです。養育者たちの多くは彼女を可愛がり、愛してくれました。

しかし、さまざまな養育者の間をたらい回しにされた彼女からみれば、その愛は続くことがなかったわけです。誰かが自分を愛してくれたと思ったら、その人とは別れる時が来て、「愛は失われた」と感じたのでしょう。

彼女は、大人になってもそのビリーフを持ち続け、「愛は失われる」という前提で、生きていたのだと思います。

子ども時代に無意識に信じ込んだことが、人生のストーリーを創ったのです。

さて、あなた自身は、どんなビリーフを持っているのでしょうか。あなたの中の非合理的ビリーフを見つけ出し、それを合理的ビリーフに書き換えることができたら、あなたの人生はどのように変わると思いますか？

この本によって、ぜひそれを実現していただきたいと思います。

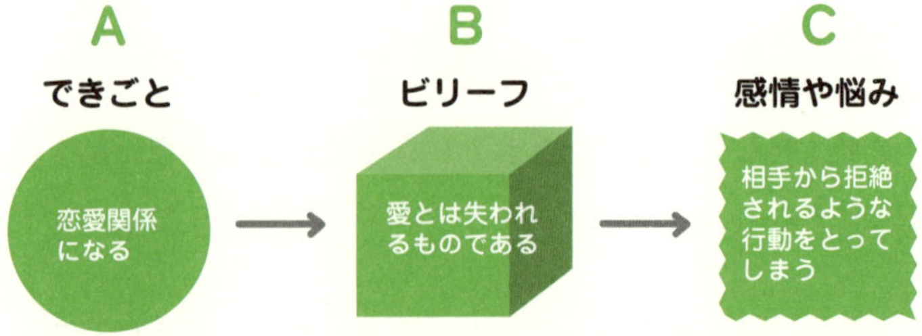

この本から最大限の成果を得ていただくために

Chapter 1を読まれて、どんなことを感じましたか？ また、何か気づきはありましたか？

名著『7つの習慣』（スティーブン・R・コヴィー著、キングベアー出版刊）でも推奨されていることですが、読んで知ったことや気づいたことを、**48時間以内に他の人に教える**ということをやってみて下さい。読んでインプットした内容を、記憶が薄れないうちに話してアウトプットすれば、知識が知恵に変わっていきます。

教えられる側から教える側に転換することで、活字の情報が、あなたの人生を変えるパワーを持った知恵に変わるのです。

①Chapter 1の中で、印象に残ったことは何ですか？

②誰かに教えたいと思うことは何でしょうか？　そして誰に教えたいですか？

本を読んでいてひらめいたことなどは、どんどん本に書き込んでみて下さい。印象に残った箇所はアンダーラインを引くなどして、後で読み返す時の手がかりを残しておいていただきたいと思います。この本を立体的にフル活用していただき、「あなただけの実践本」として作り込んでいただきたいと思います。

Chapter 2

わかっているのに
やめられない人たち

ではこれから、非合理的ビリーフに妨げられて、望む人生を実現できないでいる人たちの例を見てみましょう。人生で、同じパターンを繰り返しながら、そのパターンを変える方法を知らない人たちです。

私のクライアントのみなさんが遭遇した過去の事例の中から、一般的にもよくありがちなパターンを選んでみました（ストーリーは、実際の話から若干変えています）。

「どんなビリーフが妨げになっているのか」「どのように解決すればいいのか」については、Chapter 4 以降でお教えします。

それぞれの登場人物のストーリーを読んでみて、あなたとの共通点を発見したら、アンダーラインなどを引いてマークしておいて下さい。

Belief 1 妻にいつも怒りをぶつけてしまう

経営者Ａさん

小さな会社を経営しているＡさんには、妻と２人の子どもがいます。

Ａさんは、「よい夫でありたい。よい父親でありたい。家庭を安らげる場にしたい」と、以前から思っています。また、「社員の声に耳を傾ける経営者でありたい」とも思っています。

しかし現実は、思いどおりになっていません。

まず、Ａさんの家庭では夫婦喧嘩が絶えません。Ａさんは、妻の言動に腹を立てることが多く、すぐに怒鳴りつけてしまうのです。

自分の経営のやり方に対して、副社長でもある妻から反対意見を言われることがあるのですが、するとすぐにカッとなってしまいます。そして、怒りをぶつけながら、自分のやり方が正しいことを主張します。

また、何かを「やってほしい」と妻に頼んだ時に、妻から断られるのにも腹が立ちます。

腹が立って怒鳴りつけると、妻も負けてはいません。こうして夫婦喧嘩が始まります。Ａさんは決して自分からは謝らないので、妻が冷静になって謝ってくるまで喧嘩が続きます。

また、２人の子ども（２人とも中学生の女の子）に対しても、気に入らないことがあると怒りをぶつけることが多いのです。たとえば「そんな短いスカートをはくのはみっともない。やめなさい！」とか「男の子とメールでやりとりなんかするな！　ろくなことにはならん」とか「マンガばかり読むな！　バカになる」などと、批判的な言葉を怒りながらぶつけてしまうのです。

子どもたちもＡさんの前では、口数が少なくなっています。子どもたちが、Ａさんには心を開かなくなっていることを、Ａさん自身もうすうす感じています。反省する気持ちもあるのですが、なかなか自分を変えることができません。

会社では、社員の話に対して、なかなか聞く耳をもてません。とくに、自分のやり方に反対するような意見だと、素直に聞くどころか腹が立ってしまいます。

時には、「社長の俺のやり方が気に入らんなら、辞めてくれてもいいんだぞ」という支配的な言い方をしてしまい、後悔することもあります。

本当は、社員が思ったことを自由に発言でき、それを経営のヒントにするような会社にしたいと思っています。しかし今では、社員たちは意見を言わなくなってしまいました。

そして、Ａさんは後でいつも反省します。「心の広い人間になりたい。すぐに怒ったりせず、いつも冷静でいたい。平和な家庭にしたい。風通しのいい会社にしたい」と思うのです。

Ａさんは妻と子どもを愛していて、よい夫・よい父親になりたいと心から思っているし、社員の幸せを願っていて、いい会社にしたいと思っているのです。

Ａさんがすぐに腹を立ててしまうのは、Ａさんが心の底で何を信じているからなのでしょうか？　そのビリーフを書き換えることができたら、Ａさんは、よい夫・よい父親・よい経営者になれるはずです。

そのビリーフをどのようにして書き換えたらいいのでしょうか？

いちいち
反対するな！
それじゃあ
話にならない
じゃない

スカートが
短い！
マンガばかり
読むな！

なにやって
るんだ！

Belief 2

いつも周りが競争相手になってしまう
女性起業家B子さん

B子さんは、ある企業のマーケティング部門で、やり手の女性マーケッターとして働きながら独立することを目指しました。休日は勉強に励み、経営やマーケティングの講座にたくさん参加し、また中小企業診断士の資格も取りました。

そして、ついに経営コンサルタントとして独立したのです。

独立後、行動力のあるB子さんは、積極的にセミナーや交流会を開催しました。また、地元の有力な経営者たちともパイプをつくり、人脈も貪欲に広げていきました。さらに、ＰＲや広告にも思い切って資金を投入しました。

その結果、彼女は短期間に顧客を増やすことに成功したのです。さらに、その後も順調に顧客が増え、B子さんの事務所は数人のスタッフを雇うまでに成長しました。本も出版し、今や彼女は、注目される経営コンサルタントの１人です。

しかし最近、B子さんにとっておもしろくないことが起きていました。B子さん以上に注目されるコンサルタントが、地元に現れたのです。その人は、コンサルタント歴はB子さんより浅いのですが、急速に知名度が上がってきて、B子さんをしのぐ勢いなのです。

その人の知名度が上がっていくにつれ、B子さんは自分の価値が下がっていくように感じました。また、その人が書いた本は、B子さんの本の何倍も売れ、B子さんはとても悔しい思いをしました。

B子さんは、自分の顧客を集めた勉強会の中で、その人の本を、「話題性はあるけど、中身がない」と批判してしまい、かえって自

分の評判を落としてしまいました。

また最近は、その人に負けないために頑張っているので、仕事本来の楽しさを味わうこともなくなっています。

もともとB子さんは競争意識が強く、「誰にも負けない」という気持ちを原動力に頑張ってきました。いつも人より優れていたいと思うので、同業者が成功していくことを喜べなかったし、ましてや、自分以上に成功する同業者の存在が許せなかったのです。

そんなB子さんのスタンスは、同業者の間では評判が悪く、「あの人は秘密主義で、おいしい情報は独り占めする」とか「自分にとって利益をもたらす人にだけ愛想がいい」と噂されています。

B子さんは、同業者仲間が集まる場では、いつも孤独感を感じています。「もっと結果を出せば、自分の周りに人が集まってくる」と自分に言い聞かせるのですが、親しく情報交換し合う同業者たちを見ると、自分だけ場違いなところにいるような感覚を味わうのです。

B子さんは、親しい仕事仲間も欲しいし、何よりも、好きな仕事を楽しくやりたいと思っています。

Bさんが孤独感から解放され、今の仕事を心から楽しめるようになるには、どんなビリーフを書き換えたらいいのでしょうか？

Belief 3

モチベーションを維持できない
セールスレディーC子さん

C子さんは、生命保険のセールスレディーですが、ずっと伸び悩んでいます。売上げを上げるためには、より多くの人に保険の話を聞いてもらわないといけません。

しかし、C子さんは見込み客に「話を聞いてみませんか？」のひと言を言うのがとても苦手です。「けっこうです」と断られるかもしれないと思うと、躊躇してしまいます。もちろん、躊躇しながらも言うようにしていますが、何度か断られるうちに気持ちがくじけて、やる気を失ってしまうのです。

数多く当たることができれば、売上げを伸ばす自信はあります。そして、いつも自分に「数多くアタックしよう」と言い聞かせているのですが、断られることが続くとモチベーションが下がり、行動が止まってしまうのです。

また、セールスの場面でも、「このプランにしてはどうですか？」という最後のクロージングの言葉を言うのが苦手です。おすすめプランを書いた提案書を渡すのですが、お客さんの方から「これでお願いします」と言ってくるのを待ってしまうのです。

そのため、お客さんの決断を促すタイミングを逸してしまいます。結果として、いい感触だったお客さんが、他社の保険に目移りしてしまうことも多いのです。

またC子さんは、人に何かを頼むのも苦手です。C子さんの営業所には、面倒見のいい営業所長もいれば、とても優秀なトップセールスマンもいます。売上げを上げるためには、営業所長やトップセ

ールスマンにいろいろサポートをしてもらうことが、とても役立ちそうです。
しかしC子さんは、なかなか気楽に頼めないのです。「今、忙しいから後にして」と言われそうな気がして、躊躇してしまいます。

このようにC子さんは、相手から「ノー」と言われることを避けようとしてしまうので、人を何かに誘ったり、会議で自分のアイデアを提案したりすることも躊躇してしまいます。
そのため、たくさんの損をしてきたように、感じています。

C子さんの中のどんなビリーフが、C子さんの行動を抑えてしまっているのでしょうか？
そのビリーフを書き換えることができれば、C子さんはたくさん行動をこなせ、タイミングよくクロージングもできるようになり、そして、必要なサポートも周囲に頼めるはずです。
そうなると、お客さんからの信頼も厚いC子さんにとって、トップセールスになることも夢ではありません。

Belief 4

頑張っても収入が増えない

ウェブデザイナーDさん

Dさんはウェブデザイナーとして、4年前から独立して仕事をしています。妻と3人の子どもがいて、Dさんの仕事が家庭の唯一の収入源になっています。

以前から経済的に余裕がなく、もっと収入を稼ぎ、貯金もたくさんしたいと思っています。また、旅行が好きなDさんは、毎年1回は家族で海外旅行に行きたいとも思っていますが、経済的な理由であきらめてきました。

朝から夜遅くまで頑張って働いているのですが、なかなか収入が増えないのです。

1つネックになっているのは、Dさんが低い価格で仕事を引き受けてしまうことです。一応、平均並みの価格設定をしているのですが、見積もりの段階で、設定した価格よりもずっと安く見積もってしまいます。

Dさんは、技術的には優れたものを持ちながらも、平均よりもずっと低めの報酬で仕事をしていることになります。本来設定していた価格を提示しようとすると、「そんなにお金を取ってはいけない」という気がして、どうしても安く見積もってしまうのです。

後で「もっと高めに見積もっておけばよかった」と悔やむこともよくあります。

かつて、Dさんの技術を評価してくれた企業から、とても条件のよい仕事を依頼されたことがあります。その時は、その企業の方から報酬額を提示してきたのですが、非常に高い金額で、しかも、数

年間に渡って長期的に収入が入ってくる仕事でした。

一気に年収が倍増することになるので、Dさんは喜びました。しかし、最初の仕事で、いつものDさんだったらしないようなミスを連発してしまいました。また、仕事へのモチベーションが不安定だったため能率が上がらず、納期までに納めることもできなくて、先方の信用を失ってしまいました。

結果として、仕事の契約は解除されました。

なぜ、この時に限ってあんなミスをしてしまったのか、なぜモチベーションが不安定だったのか、Dさんとしては、その理由がわかりません。

ある時Ｄさんは、本を読んでいて、「経済的に豊かになりたければ、経済的に豊かな人と付き合うとよい」という文章が目にとまりました。

納得したＤさんは、「自分の知人・友人の中で、経済的に豊かな人は誰だろう？」と考えてみました。しかし、そんな人は、親しい人の中には見当たりませんでした。

よく考えてみるとＤさんは、お金をたくさん稼いでいる人に対して、よいイメージを持っていませんでした。「人よりもお金を大切にする人」「自分さえ豊かであればいいと思っている人」というイメージで見ていたのです。

Ｄさんのお客さんの中にも、高収入を稼いでいる人は何人もいましたが、Ｄさんは、その人たちに対して壁をつくって、親しくなろうとは思っていなかったのです。

Ｄさんが経済的に豊かになるのを強力に妨げているのは、どんなビリーフなのでしょうか？　そのビリーフを書き換えることができれば、Ｄさんの収入額は大きく変わっていくはずです。

Chapter 3

あなたを駆り立てる
「無意識の声」

Chapter 3では、「ドライバー」についてお話しします。

ドライバーとは、「私たちを駆り立てるもの」のことで、交流分析という心理学の中で使われる言葉です。このドライバーが、望む人生の実現を妨げているケースも、実は非常に多いのです。

私たちは、子ども時代に親から「立派になりなさい」「やさしい人になりなさい」「賢くなりなさい」などと期待され、それを教訓として言われます。

もちろん、こうした親からのメッセージが、私たちの人生で役に立つことは多々あります。親も、子どもの幸せを願って、こうしたメッセージを発するわけです。

しかし、これらのメッセージが、「そのままのあなたではダメよ。もっと○○○でありなさい」という形で残り、私たちを後々も駆り立てるようになることがあります。これがドライバーです。

ドライバーは、私たちが自分らしく生きることを妨げるのです。

以下、5つの代表的なドライバーの例を見てみましょう。

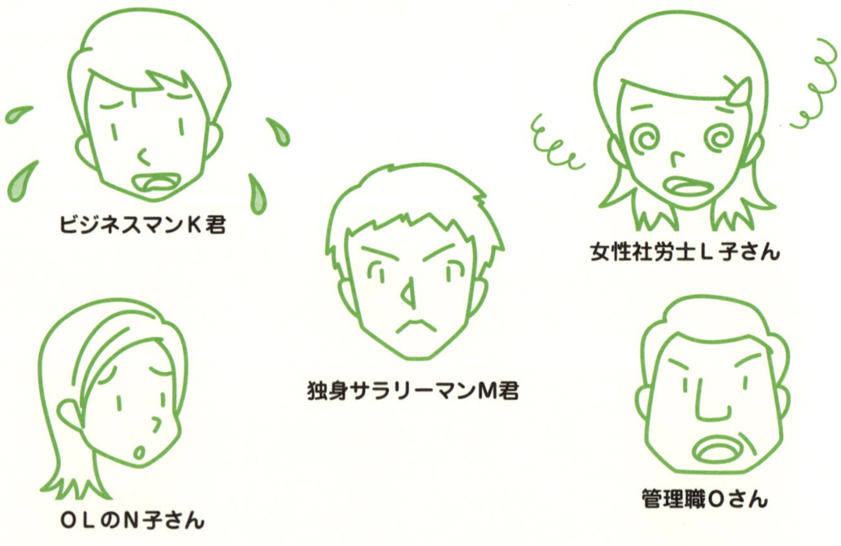

Driver 1

ミスや失敗がいつまでも気になる ビジネスマンK君

K君は、何をやっても「これで十分」という気がせずに、やり残したような気がします。

自分なりに頑張ったことでも、あれこれ反省点が浮かんできて、不安になるのです。いつも完全であろうとするために、些細なミスが気になって、不満足感が残ります。

先日、友人の結婚披露宴で、友人代表としてスピーチをしました。そのスピーチは、周囲からはおおむね好評だったのですが、K君自身は満足できませんでした。

緊張して出だしの言葉を忘れてしまい、数秒間沈黙してしまったことが悔やまれます。また、スピーチの中で新婦さんの名前を間違えてしまったことも、致命的なミスのような気がしています。

それから彼は、勤めている会社の社長に対してある提案をしようと、ひそかに思っていました。会社の新事業に関する、とてもユニークなアイデアを思いついたのです。

しかし、提案書を書き始めたものの、2ページくらいまで書いた後、なかなか先に進みません。書き出しの文章がしっくりこないので、何度も書き直すのに時間を費やしてしまいました。

その後2か月もかかって、ようやく提案書ができました。しかし、まだまだ抜けているところがありそうで、社長に渡すのをためらっていました。

そんな時、別の部署の社員が、K君が提案しようと思っていたことによく似たアイデアを、社長に提案したのです。なんでも昼食中に思いつき、午後に入ってすぐに社長室に話しに行ったそうです。

その提案内容を聞いてみると、K君の提案と比べて、大雑把で不完全なものでした。しかし、「着眼点がおもしろい」と社長が興味を持ったようです。

結果として、その提案は採用され、その社員は大抜擢されました。K君は、提案書を完全なものにしようとしているうちに、チャンスを逃したことになります。

K君を駆り立てているのは、「完全であれ」というドライバーです。

彼は子どものころ、「完全にやりなさい」「なんでもきちんとやりなさい」「ミスをしないようにしなさい」「失敗しないようにしなさい」などのメッセージを強く受け取った結果、「不完全であってはならない。完全であろう」と駆り立てられるようになったのです。

子ども時代に学校のテストで90点を取った時などは、親が喜ぶのでなく、「もう少し頑張れば満点だったのにねー」と不満そうに言われて育ちました。

このドライバーが強い人は、頑張っていても満足できず、いつも不満足感が残ります。

後で反省点ばかりを探す「減点主義」になってしまうので、プラスの成果の方を十分に味わうことができません。

人前で話す時や、人の質問に答えようとする時、「うまく話そう」「うまく答えよう」としすぎて、舌がもつれておかしなことを言ってしまう人もいます。

また、自分を完全に見せようとして、自分のことを真実以上にオーバーに語る人もいます。

他人に対しても完全さを要求する場合があり、そのため、他人に

完全であれ **のもとにあるビリーフ**

- □「いつも完全であらねばならない」
- □「ミスや失敗をするべきではない」
- □「欠点があってはならない」

対しても減点主義になってしまい、他人の欠点やミスが気になります。

それから、自分が何かを始める時も、「まだ完全ではない。万全の準備が整うまで実行してはいけない」という気がして、第一歩をなかなか踏み出せない人もいます。この場合、準備にばかり時間を費やす人生になってしまいます。

K君は、どのようにすれば、「完全であれ」というドライバーをゆるめていけるでしょうか？

それができれば、失敗をおそれず行動し、その結果をポジティブに受け止めながら、楽に前進していけるはずです。

Driver 2

いつもハードワークで休めない

女性社労士Ｌ子さん

社会保険労務士のＬ子さんは、いつもハードに頑張っています。

夜遅くまで働き、自宅まで仕事を持って帰ることも珍しくありません。体調を崩して熱がある時も、仕事のペースを落とすことなく働くので、かなり疲労がたまっています。また、休む暇がないので、精神的なストレスもたまっています。

心配した友人から、「１日休暇を取って、自分のやりたいことをゆっくり楽しんだら」と言われました。しかし、何かゆっくり楽しんではいけないような気がするし、楽しもうとすると罪悪感を感じるのです。

それに、「自分のやりたいことは何だろう？」と考えると、答えが見つかりません。これといった趣味もありませんので、よく「趣味は仕事」と言っています。

また、夫から「収入は十分過ぎるくらいあるから、お客さんを減らしてでも、時間のゆとりをつくろうよ。週休２日にして、休日は家族で遊ぼうよ」と言われました。「なるほど」と思ったのですが、お客さんに「週休２日にします」と宣言しようとすると、罪悪感を感じます。

結局、仕事は減らすことができません。日曜日に事務所に出て仕事をすることも、しばしばあります。

Ｌ子さんを駆り立てているものは、「もっと努力しろ（一生懸命やれ)」というドライバーです。

彼女は子どものころ、「嫌なことでも頑張って一生懸命努力しなさい」「『アリとキリギリス』のキリギリスのようになってはダメだ」「油断してはいけません、ホッとしてはいけません」というメッセージを受け取った結果、「満足してはいけない、楽しんではいけない、もっと頑張らねば」と駆り立てられるようになったのです。

このドライバーを持っている人は、何事も力が入って、気ままに楽しむことができません。目標を達成しても、十分に収穫を楽しむ間もなく、「もっと頑張らなきゃ！」「まだまだ！」と自分を駆り立てます。

もっと努力しろ（一生懸命やれ）のもとにあるビリーフ

- □「満足したり休んだりするべきではない」
- □「いつも頑張っていなければならない」
- □「楽しむべきではない」

今の仕事が楽しくなくて、好きな仕事を見つけて転職しようとすると、「逃げてはいけない」「もっと頑張ってからだ」と心理的ブレーキがかかります。

また、経済的に成功しても、常に頑張っていないと安心できないので、人生を楽しむゆとりをもてない傾向にあります。

好きなことを存分に楽しむことに罪悪感があるので、好きなことを探す暇がないくらい、忙しく頑張ります。

この「もっと努力しろ（一生懸命やれ）」のドライバーをゆるめることができたら、L子さんは、時間のゆとりを創り出すことができ、人生の楽しみを見出す余裕も生まれるはずです。

また、家族と共有する時間も確保でき、頑張って得た収入をハッピーな人生の実現に使うこともできそうです。

Driver 3

本音をオープンに語れない

独身サラリーマンM君

仕事で失敗して本当は落ち込んでいるのに、同僚に「別になんともないよ」と平気なふりをするM君。彼は、つらい時も悲しい時も、感情を表に出すことがありません。

そんなM君には、本音で相談し合える友だちがいません。

彼は、人と意見が違う時も、感情を表現せずに、正しさを主張します。

「僕は・・・だと感じる」という言い方はせずに、「・・・するべきだ」とか「・・・するのが常識だ」いう言葉で自分の考えを正当化します。また、相手の気持ちに共感を示すのも苦手です。その結果、理詰めで議論を戦わせることが多いのです。

M君には婚約している女性がいますが、彼女に会いに行くのに、新幹線で2時間かかります。彼女の方から、「結婚するまでの半年間は、月1回のペースで会おう」と言われましたが、月1回ではさびしい気がします。

しかし、「さびしい」という気持ちを言えないM君は、「ふつうのカップルなら、月に2、3回は会うのが常識だ」と正しさを主張し、あげくのはて「君の感覚はふつうじゃない」と彼女のことを攻撃してしまいました。そして、喧嘩になり、気まずい関係になってしまったのです。

正直に、「さびしいんだ」と伝えれば、喧嘩にはならなかったかもしれません。

しかしM君は、いつも「自分は大丈夫」というスタンスをとりま

す。そして、正論を主張したり、相手を非難することで相手を変えようとするので、うまくいかないことが多いのです。

彼を駆り立てているのは「強くあれ」というドライバーです。

彼は子どものころ、「弱音を吐くなんてみっともない」「こんなことで泣くんじゃありません」「人に弱みを見せたらダメだ」などのメッセージを受け取った結果、「強くあらねば」と駆り立てられるようになったのです。

この「強くあれ」のドライバーを持っている人は、落ち込むようなことがあっても、「自分は平気だ」とか「別になんともない」というスタンスをとることが多いのです。

映画やテレビドラマを見ても、感動したそぶりを見せたり、涙を流したりすることはめったにありません。また、他人が、簡単に泣いたり感激しているのを見ると、軽薄に見えてしまいます。

自分の考えを述べる時も、気持ちを表現することを抑えるので、代わりに正しさを主張する傾向があります。

また、うれしい時に、「私はうれしい」と言わずに「それは喜ばしいことです」のような客観的な言い方をする人もいます。腕を組んで不動の姿勢をとる人が多いという傾向もあります。

強くあれ **のもとにあるビリーフ**

- □「いつも強くあらねばならない」
- □「感情を表に出すべきではない」
- □「弱いところを人に見せてはいけない」

M君が、「強くあれ」というドライバーをゆるめることができたら、人間関係がどんなに楽になるでしょうか？　そして、心の通ったコミュニケーションを通じて、本音でわかりあえる関係を築いていけるはずです。

Driver 4

「ノー」が言えない

ＯＬのＮ子さん

Ｎ子さんは、いつも相手の機嫌が気になります。そのため、自分の気持ちを抑えて、相手を満足させることを優先します。

相手に対して、ノーが言えないことも多いのです。

ある土曜日の夜、職場の先輩から電話がかかってきます。Ｎ子さんは、翌日とくに予定がないので、前から読みたかった本を２～３冊読もうと思っていました。

先輩「Ｎ子、明日何か予定入ってる？」
Ｎ子「いえ、とくには・・・」
先輩「よかった！　映画見に行かない？『犬神家のゾンビ』のチケット２枚もらったのよ」
Ｎ子「『犬神家のゾンビ』って、ホラー映画の？」
先輩「話題の映画よ！　その後で、すごくパスタがおいしいお店、教えてあげる。あなたとなら気が合うし、楽しめそうね」

Ｎ子さんとしては、その先輩とは気が合うのですが、ホラー映画は好きではありません。ホラー映画を見る時間があったら、好きな本を読みたいところです。

Ｎ子「すみません。私、今お金がないんで、厳しいですね」
先輩「お金くらい貸してあげるわよ。心配しないで。それに映画のチケットは、もらい物だからタダよ」
Ｎ子「あ、ありがとうございます。あっ、忘れてた！　私、明日、コンタクトレンズを買いに行かなくっちゃ！　今のレンズが寿命なんですよ。だから映画は・・・」
先輩「ＯＫ、ＯＫ。映画は朝も昼も夜もやってるから、あなたの都合に合わせるわよ」
Ｎ子「あっ、そっそうですか。じゃー、夕方にしましょうか」

そして、次の日の朝、Ｎ子さんは、その先輩に電話しました。

Ｎ子「ちょっと微熱があるみたいなんで、今日は遠慮しておきます。誰か他の人と行ってください」
先輩「そうなの。わかった、じゃー来週あたりにしようか。映画、あと１か月やってるから、私はいつでもいいわよ」

結局Ｎ子さんは、次の週に『犬神家のゾンビ』を見るハメになってしまいました。

「その映画は見たくないんです」とか「ホラー映画は好きじゃないんです」と、はっきり断ることができれば、見なくてすんだはずです。しかしＮ子さんは、「はっきり断ると、その先輩の機嫌をそこねてしまうのではないか」ということが気になって、行けない理由をつくって対応しようとしました。

このようにＮ子さんは、相手に嫌な思いをさせないことを優先するあまり、我慢をしてストレスをためてしまいます。「ノー」のひと言が言えないために、苦痛な時間を過ごすことも多いのです。

友だちからかかってきた電話が長電話になって、「そろそろ電話を切りたい」と思う時も、なかなかそれを言い出せません。レストランで、注文した料理と違うものが出てきた時も、そのことを言えず、内心は不満を感じながらも我慢して食べます。

N子さんを駆り立てているのは、「他人を喜ばせろ」というドライバーです。

彼女は、子どものころ、親から繰り返し言われた「親を喜ばせなさい」「いつも他人を喜ばせなさい」「相手のために我慢しなさい」などのメッセージを強く受け取った結果、自分の気持ちは抑えても、相手を満足させようと駆り立てられるようになったのです。

このドライバーを持っている人は、自分の要求を後回しにします。自己主張ができないのです。「ノー」と断ったり、「・・・をしないで」「・・・をやってほしい」と相手に伝えることが苦手です。

また、目立ったり、ほめられたりされることが居心地悪く、目立たないようにする人もいます。

他人を喜ばせろ のもとにあるビリーフ

- □「自分の気持ちを優先するべきではない」
- □「相手を満足させねばならない」
- □「相手をがっかりさせるべきではない」

N子さんが、この「他人を喜ばせろ」のドライバーをゆるめていくには、どのようにすればいいのでしょうか？

それができれば、自分の気持ちを大切にでき、無理のない楽しい人間関係を築いていけるので、ストレスも大幅に軽くなりそうです。

Driver 5

いつも急いでいて待てない

管理職Oさん

Oさんは、常に効率的に動いていないと安心できません。のんびりすることが苦手で、いつも時間に追われています。

何事も、少しでも早く行動し、少しでも早く結果を出さないと気がすまないので、思いどおりに事が進まない時は、イライラします。待たされるのも苦手で、待ち合わせで相手に遅刻された時には、とてもイライラします。

家族と外食に行っても、食事が出てくるまでの待ち時間はビジネス書を読むので、家族の話をじっくり聞く時間がありません。また、妻がとりとめもない話を始めると、ゆっくり聞くことができなくて、「で、何が言いたいんだ!?」と結論を急いでしまいます。

職場においても、部下が話し終える前にさえぎって、「要するに結論はこういうことだろ」と話すことが多く、部下は「話を聞いてもらえない」と不満をつのらせているようです。

家族で遊園地に遊びに行っても、人気のある乗り物の長い行列に並んでいるとイライラします。また、「次の乗り物に行こう」とか「さあ、急ごう」とせきたてる言葉が多いので、子どもからは「お

父さんといると、ゆっくり楽しめない」と言われてしまいました。

Oさんを駆り立てているのは、「急げ」というドライバーです。

彼は、子どものころ、「急ぎなさい」「早くしなさい」「時間がないよ」「グズグズしないで」などのメッセージを強く受け取った結果、時間にせきたてられるようになったのです。

この「急げ」というドライバーが強いと、いつもセカセカと時間に追われていて、時間をゆっくり楽しむことができなくなります。

何かをやっている時も、今やっていることに集中するのではなく、次にやることを先回りして考えていることがあります。「今、ここ」を楽しめないのです。

交通渋滞に巻き込まれたり、待ち合わせで待たされると、イライラしてしまって落ち着いていられなくなります。

相手の話を聞く時も、途中で話をさえぎってしまうことが多いので、相手は「聞いてもらえてない」と感じます。

急げ のもとにあるビリーフ

- [ ] 「何事も、少しでも早くやり遂げねばならない」
- [ ] 「ムダな時間を過ごすべきではない」
- [ ] 「効率の悪いことはするべきではない」

この「急げ」というドライバーをゆるめることができたら、Oさんはイライラすることがずいぶん減りそうです。思いどおりに物事が進まない時も、冷静に対処できるようになるでしょう。

また、人の話を聞く時も、じっくりと聞けるようになれば、相手の気持ちに共感する余裕が出てくるはずです。家族で遊びに行く時も、楽しさや感動を共有する場面が増えそうです。

Driver 6

駆り立てられている現代の子どもたち

最後に紹介した「急げ」というドライバーは、現代に生きる私たちの多くを駆り立てているドライバーだと思います。そんな背景があるからこそ、スローフードやスローライフが注目されるようになったと思うのです。

そこで、この「急げ」というドライバーに対して、もう少しお話しします。

「タイプA」という言葉を知っていますか？

アメリカの学者フリードマンとローゼンマンが、狭心症や心筋梗塞などの心臓疾患になりやすい人の性格傾向を発見し、「タイプA行動パターン（タイプA性格）」と名づけたのです。

そのタイプAの特徴は、常に時間に追われていて、せっかちで、行動は機敏。気が短くて、他人の話をしばしばさえぎる。

これはまさに、「急げ」というドライバーを持っている人たちと思われます。

タイプAの人は、タイプB（のんびり、おっとり型）の人と比べて、心筋梗塞の発症率が約2倍高いそうですし、また、多くのストレスにさらされる生活をするという傾向もあるようです。

今、子どもに対して「早く！」という言葉を使う親が増えているそうです。世の中自体が、スピードを増してきているからでしょうか？

「早く起きなさい！」から始まって、
「早く着替えなさい！」
「早くご飯を食べなさい！」
「早く学校に行きなさい！」
家に帰ってきたら、
「早く宿題をしなさい！」
「早く塾に行ってきなさい！」
「早くお風呂に入りなさい！」
「早く寝なさい！」
「おやすみ。明日は、早く起きるのよ！」で終わる毎日って……。

昔に比べると、子どもたちも異常に忙しい時代になってしまったようですね。

星飛雄馬（マンガ『巨人の星』の主人公）の「大リーグボール養成ギプス」ならぬ「急げドライバー養成ギプス」を、多くの子どもが全身に着けて生活しているような、そんなイメージを持ってしまいます。

また、子どもたちに限らず、「今ここ」を感じる暇がない人は、大人たちにも増えているようです。

「いつも朝ご飯を食べてますか？　朝ご飯はおいしいですか？」と聞かれて、「食べてるけど、よく味わっていない」と答える人が増えているそうです。味わっている暇がないくらい急いでいるのです。

たとえば、「タンポポが花を咲かせる季節になりましたね」と言われて、「そういえば、いつも歩いている道にどんな花が咲いているのか見てないな」と思う人も多いそうです。

『７つの習慣』という名著を日本語版に翻訳された川西茂さんが、スローライフを提唱する本を書かれています。『ちょっと悲しいビ

ジービー　ちょっとリッチなクールビー』（川西茂 著、グラフ社刊）という本です。

その中で、休みなく働き続ける人たちを、忙しく働くハタラキ蜂に喩えて、「ビジービー」と呼んでおられます。

そして、「ビジービーの三大成人病は、『競争病』『結果病』『効率病』だ」「私たちの多くは『スピード依存症』だ」と言っています。

競争に勝つために、結果を出すために、効率ばかりを追求してしまうと、その代償として、人生の大切なプロセスを見失ってしまうかもしれません。

少し立ち止まって自分と向き合い、もし「急げ」と駆り立てられているようだったら、自分の生き方を見つめ直すのもいいのではないでしょうか。

Driver 7

自分らしい生き方を実現するために

Chapter 3では、次の5つのドライバーについてお話ししてきました。

- **完全であれ**
- **もっと努力しろ（一生懸命やれ）**
- **強くあれ**
- **他人を喜ばせろ**
- **急げ**

多くの人は、これらのドライバーをある程度は持っていると思います。

また、完全であること自体は悪くないし、努力することも、強いことも、他人を喜ばせることも、急ぐことも、それら自体がよくないというわけではありません。

ただ、これらのドライバーに、「今の自分ではダメだ。もっと〇〇〇でなければならない」と駆り立てられて、本来の自分らしい生き方を見失っている人も多いと思います。

そんな場合は、Chapter 4以降でご紹介するステップを踏んで、ドライバーをゆるめ、望む人生の実現に向けて前進していただきたいと思います。

Chapter 4

「幸せ成功力」を
日増しに高める5つのステップ

Chapter１で、無意識にインストールされているプログラムが、私たちの人生に大きな影響を与えていることをお話ししましたね。

そして、その無意識のプログラムを「非合理的ビリーフ（Chapter２）」と「ドライバー（Chapter３）」という切り口で紹介しました。

さて、いよいよ具体的に変化を起こしていく５つのステップに入りますよ。

あなたの人生の妨げになっているビリーフを探り、心理学の手法を使って書き換えていきます。とても強力なステップです。

あなた自身の心の世界を、ナビゲーターの私といっしょに探検するつもりで始めてみましょう。私も、あなたといっしょに探検旅行できることにワクワクしています。

この５つのステップでは、ワークシートを使います。80ページ以降のワークシートに記入しながら、各ステップを確実に踏んでいただきたいと思います。

そのまま本に書き込んでもいいし、もう少しスペースが欲しい方は、拡大コピーするか、あるいは別の紙に書き出してみるのもいいですね。

なお、各ステップの具体的な取り組みの事例も知りたい方は、次のChapter５で紹介していますので、必要に応じてそちらも参照して下さい。

Step 1 望む人生のビジョンを描く

最初のステップでは、あなたが本当に望んでいる人生を明確にします。望んでいることが明確になって初めて、真に妨げになっているものが明確になってきます。

非合理的ビリーフやドライバーは、ふつうは誰もがいくつも持っています。それらを全部探っていたら、時間がいくらあっても足りません。

まず、望む人生のビジョンを明確にして、その実現を最も妨げているビリーフやドライバーを見つけるのです。それを書き換えていくことで、望む人生の実現に向けてパワフルに前進できるようになるのです。

ところが、自分の望む人生を明確にしている人は、非常に少ないのが現実です。

漠然と「幸せになりたい」とか「収入を増やしたい」とか思っている人は多いのですが、「では、あなたにとっての幸せな人生とは？」とか「いつまでに、いくら収入を増やしたいですか？　そして、それが実現したらお金をどのように使いますか？」と質問すると、具体的に答えられないケースが多いのです。

さて、ここで人生をあるレストランに喩えてみましょう。１人の客が、レストランに入ってくるところを想像して下さい。

そして席に座って、テーブルの上に置いてあるカードを見て、その客は驚きます。そのカードには、次のように書いてあるのです。

「当店にはメニューがありません」

客は戸惑います。店員が声をかけてくれることを期待して、しばらく待ってみますが、声をかけられる気配がありません。その間、その客のテーブルに何かが運ばれてくることはなく、時間が経過していくばかりです。

ようやく「こっちからオーダーしないといけないんだな」と気づいた客は、店員を呼んでオーダーします。「なんか温かいものをお願いします」

店員は困った顔をしたまま厨房に行ってしまいました。そして、いつまで待っても何も運ばれてきません。

それでもしばらく待っていると、ついに店員がやってきて、次のように言ってきたのです。

「お客様、制限時間になりました。申し訳ありませんが、お帰りいただけますか？」

客は、納得できない気持ちで質問します。

客　「この店には、制限時間があるのですか？」
店員「はい、そうです。制限時間がきたので、出ていただかなくてはいけません」
客　「この店では、何を食べることができたのですか？」
店員「当店には、メニューがない代わりに、あらゆる食材をとりそろえています。また、和食、中華、フレンチ、イタリアン他、あらゆるジャンルの一流料理人たちが厨房におります。お客様が一番召し上がりたいものをオーダーしていただけば、それをお出しします」
客　「一番食べたいものですって？」
店員「はい、そうです。どんな食材を召し上がりたいか、どんな味つけがお好みか等をおっしゃっていただければ、それをお出しします。もちろんお飲み物からデザートまで、すべてオー

　　ダーしていただけばご用意します」
客　「私は水すら出してもらってないのですよ」
店員「オーダーされてないものはお出しできないのです」
客　「温かいものをオーダーしたはずですが」
店員「オーダーは具体的にしていただかないと、料理人たちも、どんな料理を作ってよいかわかりません」
客　「もう一度、入店することはできますか？」
店員「残念ながら、制限時間を使い果たされたので、入店していただくことはできません。当店では、何をどのくらい召し上がっても料金は無料なのですが、その代わりに制限時間があるのです」
客　「・・・（涙）」

まさに人生とは、この「メニューのないレストラン」のようなものだとは思いませんか？

あらゆる食材と最高の料理人たちが用意されていても、オーダーしないと何も出てこない。そして、オーダーは具体的でないと、料理にならないわけです。

1 あなたらしさを探る

では、人生に具体的なオーダーをするために、最初にやることは何でしょうか？

それは、あなた自身のことを知ることなのです。あなたが、どんな時に幸せを感じ、何をやっている時にあなたらしいのか、を知ることがとても大切なのです。

現在、税理士の資格を取って開業している人から聞いた話です。その人が税理士の資格を取ろうと思った理由は、記憶力に自信があって、コツコツ勉強して資格を取るのが得意だったからだそうです。

また、中学・高校と数学も得意だったので、数字にも強いという自信がありました。さらに、税理士は高収入の可能性があると聞いたのも動機になったようです。

順調に資格を取ることができ、しばらく大きな税理士事務所に勤めて経験を積んだ後、独立開業されたそうです。

その人からこんなことを聞きました。

「私は、高収入が取れそうだし、自分の得意分野でもあるという理由で、税理士という仕事を選びました。しかし、一番大事なことを忘れていました。税理士の仕事は、私の得意分野だったけど、好きな仕事ではなかったのです。私は毎日、嫌いな仕事をやっているのです」

つまりこの人は、「自分がどんな時に幸せを感じ、何をやっている時に自分らしいのか」を考えないまま、税理士という仕事を選んだわけです。

一方、この人が一番親しくしている同業者（税理士）は、税理士の仕事にとても生きがいを感じていて、毎日を楽しんでいるそうです。税理士の仕事が、自分らしさにマッチしていたわけですね。

かつて、ギリシアの神殿の柱に「汝自身を知れ」という言葉が刻まれていたそうですが、その言葉は、そのまま私たちにも当てはまりますね。

まず、自分について知る必要がありそうです。

では、あなた自身を知るために、次ページの「1あなたらしさを探る」の６つの質問に答えてみて下さい。これらの質問に答えるうちに、あなたらしさやあなたの価値観が見えてくることと思います。

「1あなたらしさを探る」を記入し終えたら、少し時間をとって、書き出したものを眺めてみて下さい。

そして、次のことを考えてみて下さい。

- **あなたにとって、幸せの源は何でしょうか？**
- **あなたにとって、大切なものは何でしょうか？**
- **あなたらしい成功って、どんな成功なのでしょうか？**

何か気づいたことや感じたことを、ページの余白か、もしくは別の紙に書きとめておいて下さい。

続いて、あなたが望む人生のビジョンを明確にしていきますが、この“あなたらしさ”ということも意識しておいて下さい。

1 あなたらしさを探る

❶ あなたはどんな時に、心からの喜びや満足感を感じますか？

❷ あなたが、子どものころからワクワクしてきたのは、どんなことですか？

❸ アラジンの魔法のランプの精が、「どんなことでも3つだけ願いをかなえてあげます」と言ったら、何を願いますか？

❹ もしもお金の心配がまったくなかったら、何をしたいですか？

❺ 人生で大切にしていきたいものを3つ挙げるとすると？

❻ もしもあなたの人生が残り3日しかなかったら、3日間で何をしますか？

2 6つの側面から見た「望む人生」

次は、あなたが望む人生を、6つの側面から多面的に見ていきます。この多面的に見るということが、とても大切なのです。

というのは、1～2つくらいの側面でしか目標を立てていない人が、意外に多いのです。

たとえば、ある起業家は、仕事と収入という2つの側面でしか目標を立てていませんでした。仕事という側面では、「好きなことをビジネスにして起業する」という目標を達成しました。その後は、そのビジネスを伸ばし、目標収入額を達成することだけを目指しました。

朝から晩まで働いて、ついに目標収入額は達成しました。しかしその間、夫婦間のコミュニケーションがあまりとれず、夫婦関係も気まずくなってしまいました。さらに、過労で体を壊してしまい、入院するハメになりました。

そして、病院のベッドで彼は思ったのです。

「俺は、こんな人生を望んではいなかった」

もし彼が、仕事と収入に加えて、家庭や健康といった側面の目標も明確にしていたらどうだったでしょう？　ずっとバランスのとれた人生が実現していたはずですね。

ということで、6つの側面から、あなたの望む人生を明確にしていきましょう。次ページ以降の「2 6つの側面から見た『望む人生』」に書き込んでいって下さい。

考えても答えが浮かばないものがあるかもしれません。そんな時は、答えやすいものから書き出していって下さい。

2 6つの側面から見た「望む人生」

❶どのくらいの収入（金額）を得て、何を手に入れたいですか?

❷どんなことを仕事や生きがいにしたいですか?

❸どんな人間関係を築きたいですか?

❹どんな家庭を築きたいですか？　家族はどんな関係でありたいですか？

❺どんな趣味や遊びを楽しみたいですか？

❻あなたにとっての健康とは、どんな状態ですか？

※❶～❻それぞれについて、達成したいと強く思うものには◎を付けて下さい

第１の側面は、「収入」です。

いつまでにどのくらいの収入が欲しいのか、具体的な期日と金額を書いて下さい。欲しい貯蓄額も書いてみるといいでしょう。

さらに、収入を得ることで手に入れたいものも書いてみて下さい。家や車や服などの物だけでなく、手に入れたい感情も書いてみて下さい。望むだけの収入を取り、欲しいものを買うことで、手に入れたい感情があるはずです。たとえば、安心感であったり満足感であったり自尊心であったり・・・。

これらの感情こそが、あなたの本当の目的であって、お金や物は、その感情を手に入れるための手段である場合が多いはずです。本当の目的が明確になれば、他にもさまざまな手段が見つかるようになります。

第２の側面は、「仕事・生きがい」です。

どんなことを仕事にしたいのか？　あるいは、仕事に限定しなくてもかまいません。人生で、どんなことに取り組んでいきたいのか？　どんなことを生きがいにしたいのか？　を思いつくまま書き出して下さい。あなたのライフワークが見えてくるかもしれません。

また、それらの仕事や生きがいを得ることで手に入れたい感情も書いてみて下さい。

第３の側面は、「人間関係」です。

ここでは、どんな友人が欲しいのか？　どんな人と付き合っていきたいのか？　その人たちとどんな関係を築いていきたいのか？　などを書き出していきます。

人間関係を通じて手に入れたい感情や、人間関係を通じて人に与えたいものも書き出してみて下さい。

第４の側面は、「家庭」です。

どんな家庭を築きたいのか？　家族どうしの関係は、どのようでありたいか？　を書き出して下さい。

その家庭を通じて手に入れたい感情や、家族に対して与えたいもの等も考えてみて下さい。

第５の側面は、「趣味・遊び」です。

どんな趣味や遊びを楽しんでいきたいのか？　を考えてみて下さい。学ぶことが好きな方でしたら、今後どんなことを学んでみたいか？　なども書き出すといいでしょう。この趣味や遊びがなかなか思い浮かばない方は、「今の日常生活の中での"ちょっとした楽しみ"は何か？」を書き出してみて下さい。

また、趣味や遊びを通じて手に入れたい感情も書いてみて下さい。

第６の側面は、「健康」です。

「健康でありたい」というのは、誰もが思うことだと思います。そこで、具体的にどんな状態であれば健康と言えるのか？　を書き出してみて下さい。朝晩の体調や体重、ウエストサイズ、体脂肪率の他、睡眠時間や精神状態など、いろいろな要素があると思います。

また、健康になることで手に入れたい感情も書いてみて下さい。

もし、６つの側面の中で、どうしても答えが出てこない側面があったら、そのまま置いておいて次にいきましょう。次のステップに取り組んでいるうちに、答えが見えてくることもあります。

さて、ひと通り書き出したら、書き出したものの中で、「達成したい」と強く思えるものに◎を付けていって下さい。

◎は、いくつ付きましたか？　◎がまったく付かなかった方も、焦らなくてけっこうですよ。とりあえず、「今は◎がないんだな」と現状を認めることに意味があります。

Step 2 アタックポイントを決める

3 現状のバランス

続いて、次ページの「3 現状のバランス」をやってみましょう。2 で、6つの側面から見た「望む人生」を見ていったわけですが、今度は、6つの側面から「人生の現状」をチェックします。

6つの側面それぞれにおいて、望む状態に対しての現状の実現度を5点満点で採点して下さい。たとえば、望む状態がすでに実現しているのであれば5点ということになります。

世の中の平均的な基準と比べて採点するのではなく、望む人生に対しての実現度で採点して下さい。実現度と考えるのが難しい方は、現状の満足度と考えて採点してもいいでしょう。

採点が終わったら、「人生のバランスチャート」に転記して下さい。あなたの人生の現状のバランスを視覚化できるようにしたものです。

あなたの現在のバランスはどうでしたか？　もし、著しくバランスを崩しているとしたら、そのアンバランスが、あなたのエネルギーを余計に消耗させ、行動を空回りさせてしまっている可能性もあります。

やってみて感じたことがあれば、余白に書きとめておいて下さい。

4 アタックポイントを決める

次に、アタックポイントを決めます。アタックというと「攻撃する」という意味を連想される人もいるかもしれませんが、戦闘体勢に入る必要はありませんよ。英語のアタックには、「取りかかる」という意味もあります。

3 現状のバランス

❶次の各側面は、あなたが望む状態に対して、現在どの程度実現していますか？　現状を5点満点で採点して下さい。

- 収入　（　　）
- 人間関係　（　　）
- 趣味・遊び　（　　）
- 仕事・生きがい　（　　）
- 家庭　（　　）
- 健康　（　　）

❷❶でつけた点数を次のチャートにして下さい。

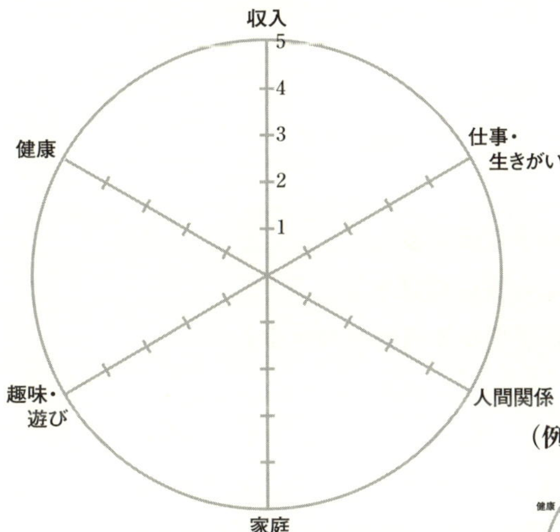

人生のバランスチャート

（例）

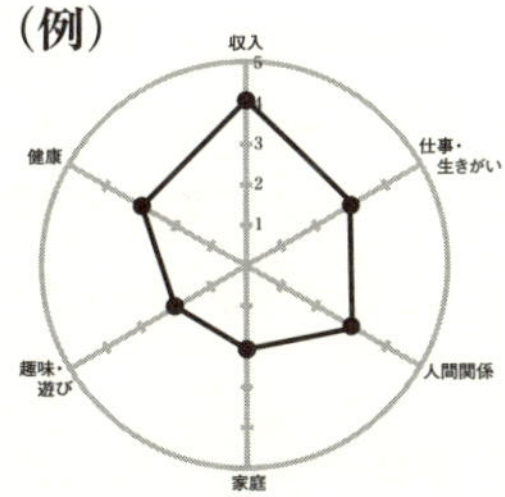

アタックポイントとは、まさに「取りかかるポイント」です。つまり、「あなた自身の“何”に対してこの手法を使うのか？」その“何”に当たるのがアタックポイントです。

では、アタックポイントを決める前に、Having とDoing とBeingの３つの言葉について説明しておきたいと思います。

Havingとは、行動の結果として手に入れるもの、達成するものです。

たとえば、次のようなものがHavingです。

「100万円を超える月収」
「家族同士が何でも相談し合える家庭」
「３階建てのマイホーム」

Doingとは、行為･行動のことです。
たとえば、次のようなものがDoingです。

「感謝の言葉を相手に伝える」
「毎日50人の見込み客に電話をかける」
「異業種交流会に参加して名刺交換する」

Beingとは、自分の“あり方”のことです。自分の存在そのものと言うこともできます。「私は・・・である（I am ・・・）」の「・・・」に当たる部分です。「精神的な態度」なども含みます。

たとえば、次のようなものがBeingです。

「私は、部下からの批判的な意見にも聞く耳を持てる、寛大な上司である」
「私は、配偶者を愛していて、心の支えになろうとしている」

「私は、常に高い目標を目指すチャレンジャーである」

整理すると、次のようになります。

- **Having＝手に入れるもの、達成するもの**
- **Doing＝やること、行動**
- **Being＝自分のあり方、存在そのもの**

アタックポイントを決めるうえで、まず、Havingの中で最も手に入れたいものを明確にしていきます。そして、これをメインゴールと呼びます。メインゴールは最も重要な目標とも言えます。

多くの人は、非合理的ビリーフをいくつも持っていますから、全部を探るのは大変です。そこで、メインゴールを１つ定め、それを達成するための行動を妨げているビリーフにしぼって探すのです。

では、メインゴールを何にするか決めていきましょう。まず、「2 6つの側面から見た『望む人生』」に書き出したものの中から、◎を付けたものをピックアップしてみるとよいでしょう。

◎を付けられなかった人は、1で探った「あなたらしさ」も意識してみて下さい。あなたらしさにマッチしたものの中から選ぶことをおすすめします。

そして、メインゴールを１つにしぼる時に、次の３つの基準を参考にしてみて下さい。

１つ目の基準は、「それを達成することを想像すると、心からワクワクできる目標」です。ここで、あまり低い目標を選んでしまうと、ワクワクできないですよね。

「これまでの自分だったら無理かもしれない」という考えが湧いてくるかもしれませんが、過去にあまりとらわれすぎると、目標が低くなってしまう可能性があります。

先ほどお話しした「メニューのないレストラン」の喩えで考えて

みて下さい。「水をオーダーしたのにシャンパンが出てきた」ということはないのです。オーダーするもの以上のものは出てこないのですから、本当に欲しいものをオーダーしたいですね。

２つ目の基準は、「現実的で、３年以内に達成できる目標」です。

たとえば、生活費のやり繰りで長年苦しんできた人が、いきなり「１億円の資産を作る」ということを目標にしてしまうのは現実的ではありませんね。その目標が、いくらワクワクするものでも、現実的でなかったら行動意欲が持続しません。すぐに、あきらめの状態になってしまいます。

ただ、１億円の資産も「10年以内に達成する」ということにすれば、現実的ではないと言い切れなくなります。長い時間をかけるほど、達成の可能性は高まるでしょう。

しかし、遠い将来の目標では、今の行動に結びつきにくいのも事実です。「今すぐ行動を起こさなかったとしても、10年もあればなんとかできる」という気がしてしまうのです。ですから、ここでは３年以内に達成できることを選んで下さい。

以上の、１つ目の基準と２つ目の基準は、矛盾するように感じた方もいるかもしれませんね。実は、この２つの基準のバランスがとても大切なのです。

過去にとらわれすぎない「ワクワクする目標」でありながら、３年以内に達成可能な「現実的な目標」でもある。このバランスがとれた目標は、あなたの人生を大きく変えるパワーを秘めた目標と言えます。

3つ目の基準は、「人生のバランスを崩さない目標」です。

3で、6つの側面の「現状のバランス」をチェックしましたね。必ずしも、点数が一番低い側面を上げることにこだわらなくてもけっこうです。ただ、さらにバランスを崩しそうな目標をメインゴールに選ぶことはおすすめできません。

たとえば、朝から晩まで仕事に頑張った結果、かなり満足できる収入を得ている人がいるとします。「収入」は4点を付けることができました。その反面、家族と過ごす時間がなくなり、「家庭」は2点だったとします。

この人が、「1年で、収入をさらに2倍にする」ことをメインゴールにした場合、それがワクワクする現実的な目標だとしても、ますます家庭とのバランスを崩す原因になるかもしれません。

メインゴールに選ぶ目標は、「人生のバランスに対してどのような影響を与えそうか」をよく考えて選んで下さい。

さて、メインゴールを1つ決めたら、それを次ページのシートに

4 アタックポイントを決める

❶最も達成（獲得）したいこと＝メインゴール

Having

❷それを達成するための行動

Doing

※最も効果的な行動に◎を付けて下さい＝**アタックポイントA**

❸それを達成するための「自分のあり方」

Being

※核となる「あり方」に◎を付けて下さい＝**アタックポイントB**

ある4❶「最も達成（獲得）したいこと＝メインゴール」に書いて下さい。

これで、メインで目指すHavingが定まりました。

続いて、そのメインゴールを達成するためには、どんな行動をすればいいか（＝Doing）を考えて、思いつくままに4❷に書き出していきます。

大胆な行動から、コツコツと積み重ねていく小さな行動まで、いろいろ考えてみることです。もし、スペースが足りなかったら、別紙を使って、書き出せるだけ書き出してみて下さい。

そして、ひと通り書き出したら、その行動の中で最も効果的な行動を選んで◎を付けます。最も効果的な行動とは、「その行動をするかしないかで、メインゴールを達成する確率が最も大きく左右されるような行動」です。

ここで、あなた自身が十分にその行動を実践しているのであれば、それを選ぶ必要はありません。「本当は、もっと実践したほうがいい」と思えるような行動を選んで下さい。

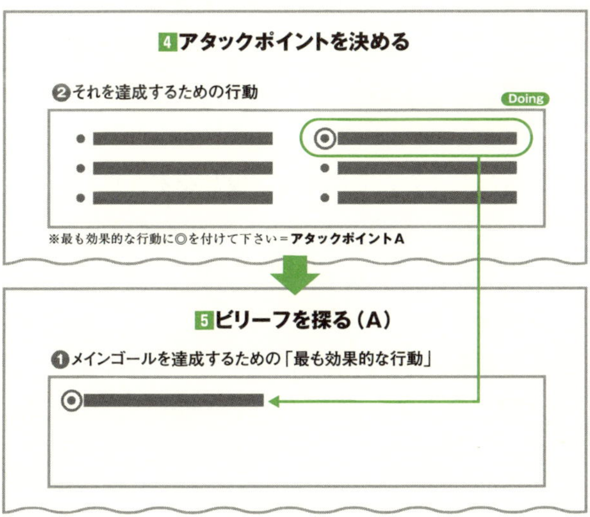

この「最も効果的な行動」は、１つ目のアタックポイント（A）です。97ページの「5ビリーフを探る（A）」の❶に記入しておいて下さい（前ページの図版参照）。

次に、もう１つのアタックポイント（B）を決めます。

それには、メインゴールを達成するための「自分のあり方（＝Being)」を明確にしていきます。「どんな自分でありたいか？」「どんな人間になりたいか？」を考えて、思いつくままに書き出していって下さい。

この「あり方（Being)」から「行動（Doing)」が生まれ、その「行動（Doing)」の結果、「手に入れるもの（Having)」がもたらされます。

たとえば、「配偶者を愛していて、配偶者の心の支えになりたいと思っている」というBeingから、「配偶者の話をさえぎらずに、最後まで聞く」というDoingが生まれ、その結果、「信頼し合える夫婦関係」というHavingが手に入るわけです。

つまり、信頼し合える夫婦関係を築くためには、「信頼されるに足りる自分になる」という、自分のあり方が大切なのです。

ということは、この「あり方」こそ、あなたの人生の根本的な鍵を握っていることになります。

ひと通り書き出したら、その中で、核となると思われる「あり方」に◎を付けて下さい。その「あり方」で存在することができれば、メインゴールに向けて「最も効果的な行動」がとれるだろうと思えるような、そんな「あり方」を特定します。

この「核となるあり方」が２つ目のアタックポイント（B）です。99ページの「6ビリーフを探る（B）」の❶に記入しておいて下さい。

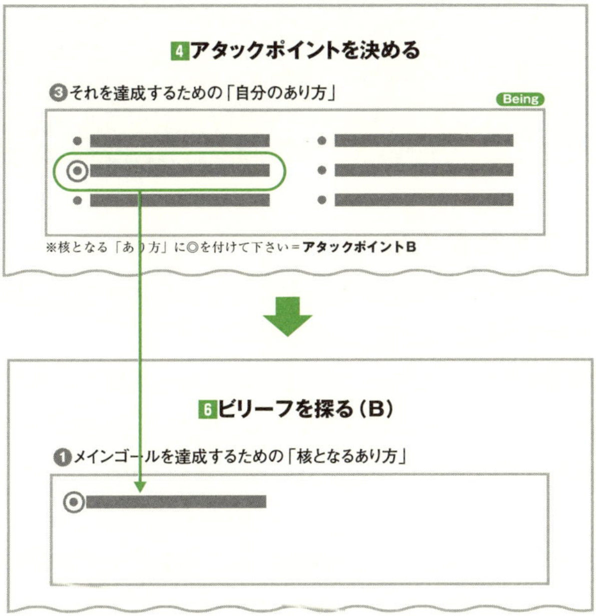

これで、２つのアタックポイントを決めたことになります。

・アタックポイントＡ＝メインゴールに対する「最も効果的な行動」→97ページの5❶に記入

・アタックポイントＢ＝メインゴールに対する「核となるあり方」→99ページの6❶に記入

次のステップでは、この２つのアタックポイントに対して、心理手法を使ったアプローチをしていきます。

Step 3 ビリーフを探る

5 ビリーフを探る（A）

さて、このステップは、いよいよビリーフを探っていく段階です。ビリーフ探検の始まりですね。

「行動を妨げているビリーフ」と「あり方を妨げているビリーフ」の２つのビリーフを探っていきますよ。ドライバーについても、そのもとにあるビリーフを探り、ビリーフとして扱っていきます。

行動を妨げているビリーフを探るのに、「5 ビリーフを探る（A）」のワークシートを使います。まず、❶の枠の中にアタックポイントAを記入していることを確認して下さい。

次にやるのは、現状を明確にすることです。「実際は、どんな行動をしているのか？」「その『最も効果的な行動』は、どのくらい実行できているのか？」などを書いてみて下さい。

さて、「最も効果的な行動」と「行動の現状」が明確になったところで、そのギャップを生み出しているビリーフを探りましょう。つまり、「最も効果的な行動にブレーキをかけている非合理的ビリーフ」を探るのです。

次の質問を自分に繰り返してみて下さい。

「現状の行動になってしまうのは、何を信じ込んでいるからなのだろう？」

「どんなビリーフが、最も効果的な行動を妨げているのだろう？」

そして、思い浮かんだビリーフを、かたっぱしから書き出してい

5 ビリーフを探る（A）

❶メインゴールを達成するための「最も効果的な行動」

❷行動の現状

❸「最も効果的な行動」を妨げているビリーフ

って下さい。ビリーフがなかなか思い浮かばないという人は、後でさらに探りますので、そのままにしておいてかまいません。

6 ビリーフを探る（B）

さて、次は「あり方」を妨げているビリーフを探ります。

「6 ビリーフを探る（B）」のシートを使います。まず、❶の枠の中にアタックポイントBを記入していることを確認して下さい。

次にやるのは、現状を明確にすることです。「実際の自分のあり方はどうか？」を書いてみて下さい。

「核となるあり方」と「あり方の現状」が明確になったところで、そのギャップを生み出しているビリーフを探りましょう。つまり、「核となるあり方を妨げている非合理的ビリーフ」を探るのです。

次の質問を自分に繰り返してみて下さい。

「現状の自分になっているのは、何を信じ込んでいるからなのだろう？」

「どんなビリーフが、核となるあり方を妨げているのだろう？」

そして、思い浮かんだビリーフを、書き出していって下さい。ここでもビリーフがなかなか思い浮かばないという人は、次のワークシートがヒントになると思います。

6 ビリーフを探る（B）

❶メインゴールを達成するための「核となるあり方」

❷あり方の現状

❸「核となるあり方」を妨げているビリーフ

7ビリーフ・チェックリスト～
9自分と人生についてのビリーフ

さて、101～103ページの記入シートを使って、さらにビリーフを探っていきましょう。これまで、ビリーフを探るのが難しいと思った人も、これらの記入シートを使うことで、グッと探しやすくなると思います。

「7ビリーフ・チェックリスト」では、代表的な非合理的ビリーフを16例ほど挙げています。あなた自身の行動パターンから考えて、信じ込んでいる可能性がありそうなものには、チェックをしてみて下さい。

「8ドライバーのもとにある非合理的ビリーフ」では、５つのドライバーを挙げています。まず、５つのドライバーの中から、思い当たるものに◎をして下さい。そして、各ドライバーのもとになっていると思われる非合理的ビリーフを探ります。

各ドライバーに対して、３つずつ非合理的ビリーフの例を挙げていますので、あなた自身が◎を付けたドライバーに対して、３つの非合理的ビリーフの中から思い当たるものにチェックをして下さい。

「9自分と人生についてのビリーフ」は、未完成な文章を完成させることで、あなた自身が信じ込んでいることを探るシートです。あまり考えずに直観的に書いていった方が、信じ込んでいることが出やすいので、短時間で書き出してみることをおすすめします。

完成した文章の中で、自分のビリーフだと思われるものにチェックを付けて下さい。

以上、7～9のワークシートでチェックを付けたビリーフの中で、「最も効果的な行動」を妨げていると思われるビリーフは5の❸（97ページ）に、「核となるあり方」を妨げていると思われるビリーフは6の❸（99ページ）に書き加えて下さい。

7 ビリーフ・チェックリスト

□ 人に好かれねばならい（人に嫌われるべきではない）

□ 相手を不機嫌にするべきではない

□ 人に認められねばならない

□ みっともないところを人に見せるべきではない

□ 人に甘えるべきではない

□ 相手から拒否されるべきではない

□ 人に心を開くべきではない

□ 配偶者（家族・恋人）は私の考え方を理解するべきだ

□ わが子は、私の思いどおりに育つべきだ

□ 子どもは親に対して従順（よい子）であるべきだ

□ 相手を変えるには、批難や叱責をするのがよい

□ 相手を支配する方がうまくいく

□ 相手に勝たねばならない

□ 自分の間違いを認めるべきではない

□ 私はダメな人間だ

□ みんな、私のことを嫌っている

8 ドライバーのもとにある非合理的ビリーフ

●完全であれ

→□「いつも完全であらねばならない」

□「ミスや失敗をするべきではない」

□「欠点があってはならない」

●もっと努力しろ（一生懸命やれ）

→□「満足したり休んだりするべきではない」

□「いつも頑張っていなければならない」

□「楽しむべきではない」

●強くあれ

→□「いつも強くあらねばならない」

□「感情を表に出すべきではない」

□「弱いところを人に見せてはいけない」

●他人を喜ばせろ

→□「自分の気持ちを優先するべきではない」

□「相手を満足させねばならない」

□「相手をがっかりさせるべきではない」

●急げ

→□「何事も、少しでも早くやり遂げねばならない」

□「ムダな時間を過ごすべきではない」

□「効率の悪いことはするべきではない」

9 自分と人生についてのビリーフ

❶「私は」で始まる文章を５つ完成させて下さい。

・私は、

・私は、

・私は、

・私は、

・私は、

❷「私の人生は」で始まる文章を５つ完成させて下さい。

・私の人生は、

・私の人生は、

・私の人生は、

・私の人生は、

・私の人生は、

❸ 次の文章を完成させてください。

・お金というものは、

・人間関係というものは、

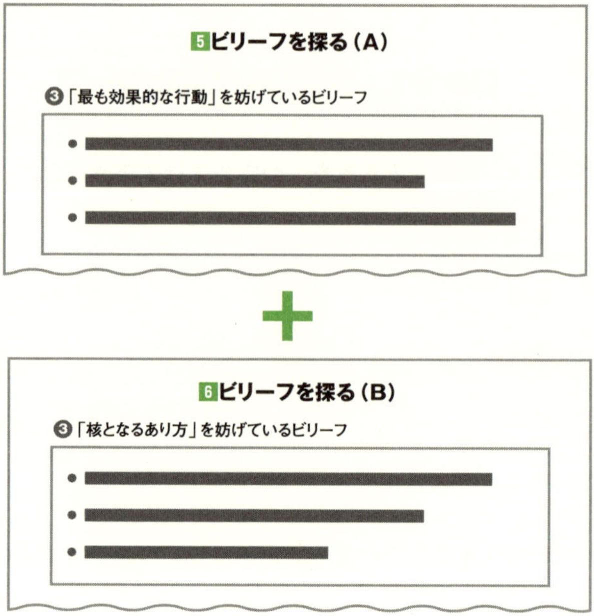

これで、かなりビリーフを探ることができたと思います。ビリーフ探しの具体的な事例を知りたい方は、次のChapter 5で紹介していますので、そちらも参照して下さい。

さあ、次のステップへの準備が整いました。次は、非合理的ビリーフを弱めていくステップです。

Step 4 非合理的ビリーフを弱める

10非合理的ビリーフに反論する

このステップでは、非合理的ビリーフを実際に弱めていくアプローチをしていきます。

まず5❸と6❸に書き出した非合理的ビリーフの中から、弱めたいものを１つ選びましょう。5と6のどっちから選んでもかまいません。

あなたのメインゴール達成に向けて、最も妨げになっていると思うビリーフを、とりあえず１つ選んで下さい。扱うビリーフは、後でチェンジすることもできるので、あまり慎重に考えなくてけっこうです。

選んだビリーフは、「10非合理的ビリーフに反論する」の❶に記入して下さい（次ページ参照）。

ここで、ビリーフの文章が、“非合理的な文章”になっていることがポイントです。例を挙げて説明しましょう。

たとえば、相手を不機嫌にするのが怖くてノーが言えない人を例にします。この人のビリーフは、何でしょう？

「相手を不機嫌にしたくない」という文章ではないはずです。「したくない」という程度でしたら、ノーが言えないまでにはならないからです。

また、「相手を不機嫌にしたくない」というのは自然な欲求でもあり、非合理的な文章とは言えません。

ノーが言えないとしたら、「相手を不機嫌にするべきではない」

10 非合理的ビリーフに反論する

❶弱めたい非合理的ビリーフ

❷上のビリーフについて、次の自問自答をして下さい。

- それが真実だという証拠はあるか？
- 何を根拠に（どんな経験から）それを信じたのか？
- それは現実的で、融通が利くか？
- それは合理的･論理的か？
- それを信じることで、何を得ようとしたのか？
- それを信じることで、どんな損や弊害があるのか？
- それを信じることは、私の望む人生の実現にどんな影響をもたらすか？

❸そのビリーフに対する反論

というビリーフを持っていると考えられます。このように、「べきではない」という文章は、非合理的ですし非現実的でもあります。

実際に、「すべてのケースにおいて、相手を決して不機嫌にさせない」ということは不可能なことですし、相手の機嫌の責任を自分が背負い込むことは合理的ではありません。

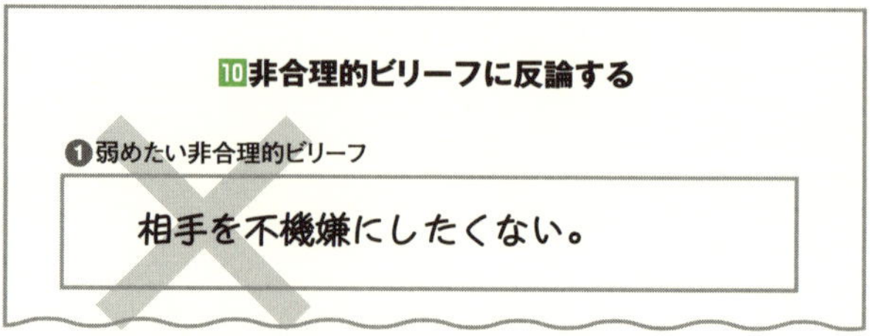

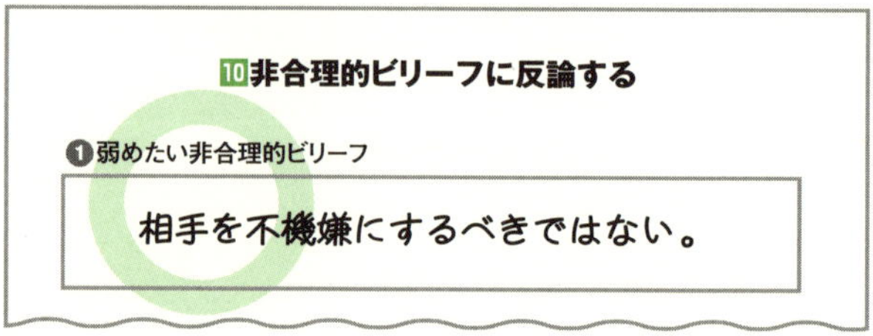

人生の妨げになっている非合理的ビリーフですから、このような非合理的な文章で書き出すようにして下さい。

非合理的なビリーフの文章としては、「べき」や「ねばならない」という言葉を使うものが多いのですが、他に代表的なものとして２つ挙げておきます。参考にして下さい。

（１）一般化のしすぎ

個人的に何度か経験したことを、「すべてにおいてそうだ」と一般化して結論づけたもの。「決して」「必ず」「みんな」「いつも」などの一般化の言葉が入っています。

・「一度失った信用は決して回復できない」
・「人と親しくなったら必ず傷つく」
・「私が意見を言うとみんな反対する」
・「いいことが起きた後は、いつも悪いことが起きる」

（2）レッテル貼り

これは自分や他人に対して、否定的なレッテル（ラベル）を貼ったものです。一般化の一種とも言えます。

・「私はダメな人間だ」
・「私は悪い人間（罪人）だ」
・「男はケダモノよ」
・「○○さんは金の亡者だ」

さて、❶に非合理的なビリーフを書いたら、続いて❷の自問自答をして下さい（106ページ参照）。すぐに答えが出なくても、じっくり考えることが大切です。十分に考えて、答えを探って下さい。

次に、❸「そのビリーフに対する反論」の欄に、そのビリーフを論破する文章を書きましょう（107ページ参照）。

実際、あなたの目の前に、そのビリーフを信じ込んでいる人がいると想像してみて下さい。そして、「そのビリーフが、かたよった信じ込みであること」を、どのようにしてその人に気づかせるかを考えて、文章にして下さい。その人を説得するつもりで、文章を書いてみましょう。

とくに、次の３つの視点でビリーフに反論すると効果的です。

（ａ）そのビリーフが現実的ではないこと

（ｂ）そのビリーフが合理的・論理的ではないこと

（ｃ）そのビリーフが損失や弊害をもたらすこと

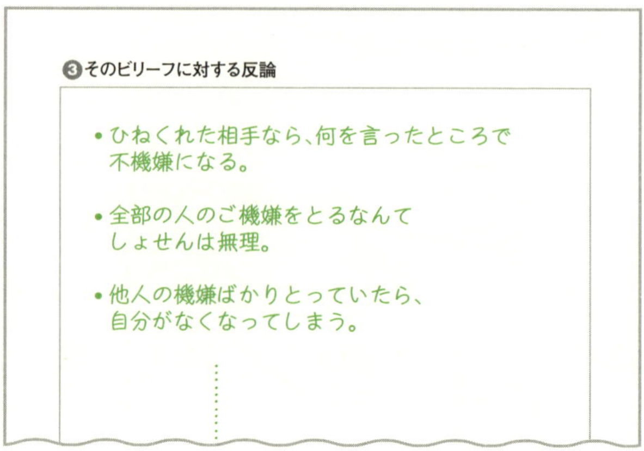

あなたが心の底で信じ込んできたことに反論するわけですので、最初は難しいかもしれません。また、心の底の「変わりたくない」という思いが、抵抗感として出てくる人もいると思います。

そんな時は無理をせず、ブレイクタイムをとって、散歩などしてみるのもいいですね。そして、「楽しもう」という気持ちで再度チャレンジしてみて下さい。実際、これまであなたを縛ってきた信じ込みから解放されることは、とても楽しいことだと思いますよ。

Step 5 効果的な考え方を身につける

11 効果的な考え方を採用する

前のステップで、非合理的ビリーフへの反論を試みましたね。今度は、その非合理的ビリーフに代わる「効果的な新しい考え方」を書き出します。

非現実的で、非合理的で、損な考え方だったビリーフを、現実的で、合理的で、実利的な考え方に換えるのです。

前のステップで選んだビリーフが、「最も効果的な行動」を妨げるビリーフだったのであれば、今度は「最も効果的な行動」（97ページの❶参照）を促すような考え方に換えるのです。また、前のステップで選んだビリーフが、「核となるあり方」を妨げるビリーフだったのであれば、「核となるあり方」（99ページの❶参照）を実現するような考え方に換えることになります。

文章の中に、許可を与える言葉を入れるのも有効です。たとえば、「人に好かれねばならない」というビリーフを持っていた人であれば、「人から嫌われることがあってもいい。私らしく生きることの方が大切だから」と、嫌われることへの許可を与えるのです。

あなたがこれまで「・・・であるべき」「・・・であらねばならない」と信じてきたことに対しては、「・・・でない時があってもいい。なぜなら、・・・」と理由もつけて許可を与えるわけです。

11 効果的な考え方を採用する

❶効果的な考え方

❷セルフトークの言葉

11 効果的な考え方を採用する

❶効果的な考え方

- 相手を不機嫌にすることがあってもいい。
  だって私の言葉をどう解釈するかは相手次第だから。
- 相手を不機嫌にすることがあってもいい。
  気を遣いすぎると、自分がなくなってしまうから。

⋮

この文章が完成したら、次はこれを集約して短い言葉にします。日常生活の中で、繰り返し唱えることができるようにするわけです。

このように、自分が決めた言葉を、日常生活の中でおまじないのように唱えることを「セルフトーク」と言います。

このセルフトークは、次のような基準で考えてみて下さい。

（a）非合理的ビリーフを弱めるようなひと言

（b）「最も効果的な行動」や「核となるあり方」を促すようなひと言

（c）自分に許可を与えるようなひと言

(具体的には、Chapter 5 で紹介する事例を参考にして下さい)

このセルフトークの言葉は1～3つまで考えて下さい。あまり多いと使い切れなくなります。そして、セルフトークが決まったら、前ページの11❷に記入して下さい。

そして、思い出すたびに、おまじないのように繰り返し唱えて下さい。

11 効果的な考え方を採用する

❷セルフトークの言葉

- 相手を不機嫌にすることもある。
- 相手の顔色ばかり見なくていいぞ。
- 相手より自分を大切にしよう！

⋮

この112ページに書き出した新しい考え方とセルフトークをあなたの中に定着させるために、このページをコピーして携帯することをおすすめします。そして、機会あるごとに、コピーした紙を広げて眺めるのです。

決まった時間に読むのも有効です。とくに、朝起きた直後と夜寝る前のタイミングは最高に効果的です。睡眠の前後は、無意識への扉が開いているので、無意識にメッセージが伝わりやすいのです。

耳で聞くのが好きな人は、このセルフトークの言葉をテープやMDなどに録音して、車の中で聞いたり、夜寝ながら聞くのもいいですね。自分が自分に語りかけるような文章が好きな方は、次のような語り方で録音するのも効果的です。

「人に嫌われるようなことがあってもかまわないよ。あなたはあなたなんだから。人からどう思われようと、私はあなたの味方だよ」

12変化を促進する仕組み作り

締めくくりは、効果的な新しい考え方を身につけ、望む人生に向かってワープするための仕組みを作ります。ワープとは、飛躍的に前進するという意味です。

ワープの鍵を握るのは“行動”です。行動を起こすことで新たな体験が生まれ、その体験がパワフルにビリーフを書き換えてくれます。その結果、望む人生に向かってワープできるのです。

まず、次ページの「12変化を促進する仕組み作り」の❶を考えてみましょう。

どんな行動を積み重ねていけば、非合理的ビリーフがさらに弱まり、効果的な考え方が強化されるでしょうか？

基本的には、非合理的ビリーフを信じていたために避けてきた行動、これを小さなことから積み重ねていくことが効果的です。

たとえば、「相手を不機嫌にするべきではない」というビリーフを持っていたために、相手に対してノーを言うことができなかった人であれば、「気乗りしないものに誘われた時は断る」などの「ノーを言う行動」をやっていくとよいわけです。

すると、「ノーと断ったけど、相手は心配したほど不機嫌にならなかった」とか、「相手は不機嫌になったけど、とくに自分に被害

12 変化を促進する仕組み作り

❶非合理的ビリーフを弱める行動

※課題として選ぶ行動に◎を付けて下さい（＝行動課題）

❷行動へのごほうび

❸行動の足あと

はなかった。そして、嫌なことに付き合わなくてすんだ」などの体験をすることになるでしょう。

これらの体験を積み重ねていくことで、「相手を不機嫌にするべきではない」というビリーフが次第に弱まってくるのです。

12 変化を促進する仕組み作り

❶非合理的ビリーフを弱める行動

- ⊙気乗りしないものに誘われた時は断る。
- 相手の顔色を見ない。
- 思っていることはきちんと主張しよう。

もちろん、わざわざ相手が不機嫌になるような断り方をする必要はありません。大胆豪快に断る必要もありません。自分なりに断り方を工夫してもいいのです。

それから、最初は断りやすい相手から始めるのもいいですね。やりやすい行動、小さな行動から練習していくことをおすすめします。

そして、行動をした時に、行動の結果はどうであれ、行動した自分を心の中で認めてほめることが大切です。ちょっとの小さな行動でも、それを実行している自分を認めてあげて下さい。

また、行動しようと思っていたのに行動できなかった時、そんな自分を責めないで下さい。むしろ、行動しようとしたことを認めてあげて下さい。

基本的に、自分に対して受容的であることを心がけて下さい。すぐに行動できなくても、「効果的な考え方」を朝晩読み、セルフトークを口ずさんでいけば、行動のブレーキは次第に弱まっていきます。

いずれ、「行動して体験することが、いかに強力に人生を変えてくれるか」を味わう時がやってくることでしょう。

最後に、行動を継続する仕組みを作ります。

12❶で決めた行動の中から、課題にする行動を１つか２つ選び、◎を付けます。これを行動課題と呼びます。

そして、それを実行した時に、自分にごほうびをあげるというルールを決めます。いくつか例をあげてみます。

・その行動を１回実行するたびにレンタルビデオを１本借りて見てもよい
・その行動を３回実行したらケーキを食べてもいい
・その行動を10回実行したら旅行に行く

ごほうびを決めたら、12❷に記入して下さい。

そして、その行動を１回実行するごとに、12❸の「行動の足あと」のマスにチェックを付けていって下さい。チェックでなくてもスマイルマークでも足あとマークでも、お好きなものを使って下さい。

20回分チェックできるようになっていますので、それ以降は、自分で作って下さいね。

こうして、行動しながらビリーフを書き換えていくことを楽しんで下さい。

さらに、最高のごほうびは、「あなた自身が変化し、あなたの望む人生が実現すること」だと、いつも意識して下さい。

さて、次のChapter 5 では、この５つのステップの具体的な実践事例を紹介します。このChapter 4 に続けて読むと、５つのステップの進め方を、より詳しく理解できると思います。

12 変化を促進する仕組み作り

❶非合理的ビリーフを弱める行動

◉気乗りしないものに誘われた時は断る。

- 相手の顔色によって結論を変えない。
- 思っていることはきちんと主張する。

⋮

※課題として選ぶ行動に◎を付けて下さい（＝行動課題）

❷行動へのごほうび

- その行動を３回実行したら、CDを１枚買ってもいい。
- その行動を１０回実行したら、スタジオライブに行く。

❸行動の足あと

Chapter 5

「幸せ成功力」を
手に入れた人たちの新しい人生

Chapter 2 とChapter 3 で、望む人生を思いどおりに実現できていない９人を紹介しましたね。実は、この９人のそれぞれは、私がコーチングを通じてサポートしたクライアントの方々をモデルにさせていただいてます。

つまり、私のクライアントの中から、ビリーフの書き換えに取り組み、飛躍的な変化を遂げた人を９人選んで、ご紹介しているのです（実話とは若干ストーリーを変え、ご本人たちの了解を得て掲載しました）。

この章では、その人たちが、その後どのようにして人生を変えていったのかを紹介します。「５つのステップ」（Chapter 4 ）の実践編として読んで下さい。

とくに、１人目のＡさんについては、「５つのステップ」の進め方の参考になるようにプロセスを詳しく紹介し、Ｂ子さん以降はエッセンスにしぼって紹介することにします。

Case 1

経営者Aさんは反対意見を聞けるようになった

①望む人生への気づきとショック

経営者のAさん（43ページ参照）は、自分の考えに対して妻から反対意見を言われると、怒りを抑えられずに怒鳴りつけていました。

Aさんは、まず「1あなたらしさを探る」のシートに記入した時に、自分が大切にしていきたいものとして、「家族の幸せ」「自分自身の人間的成長」の2つが大きいということに気づきました。しかし、実際に日々の生活の中では、この2つの大切なことがおろそかになっているということにも気づきました。

1あなたらしさを探る

❺人生で大切にしていきたいものを3つ挙げるとすると？

・家族の幸せ。

・自分自身の人間的成長。

日々の仕事に追われていて、「家族の幸せ」や「自分自身の人間的成長」のために何かに取り組むということもないまま、年月が経っていくという人生だったのです。

さらに、「2 6つの側面から見た『望む人生』」に記入して、望む家庭像が明確になったことも収穫でした。それまでは、幸せな家庭を築きたいという思いこそありましたが、自分にとっての幸せな家庭像を具体的に描いてはいなかったのです。

Aさんが望む家庭は、家族どうしが、それぞれの個性や価値観を認め合える家庭でした。そして、家族の一人ひとりがのびのびと感じたことを表現できたり、必要に応じて相談し合えるような、そんな家庭像が見えてきました。

夫婦関係も、おたがいの考え方が違う時に、対立や喧嘩をするのではなくて、相手の考えを尊重し合いながら、新しいアイデアを生み出していけるような関係を望んでいることに気づきました。

2 6つの側面から見た「望む人生」

❹どんな家庭を築きたいですか？　家族はどんな関係でありたいですか？

- 家族同士が個性や価値観の違いを認め合える。
- 一人ひとりが感じたことをのびのびと表現できる。
- 夫婦で意見が対立しても、相手の考えを尊重して、新しいアイデ アを生み出す。

そしてAさんは、「3現状のバランス」をやった時に、ショックを受けました。「収入」と「仕事・生きがい」については4点が付いたのですが、あとは「健康」が3点で、残りの3項目が2点でした。とくに「家庭」については、1点か2点か迷った末に2点を付けたという状態でした。

3 現状のバランス

❷❶でつけた点数を次のチャートにして下さい。

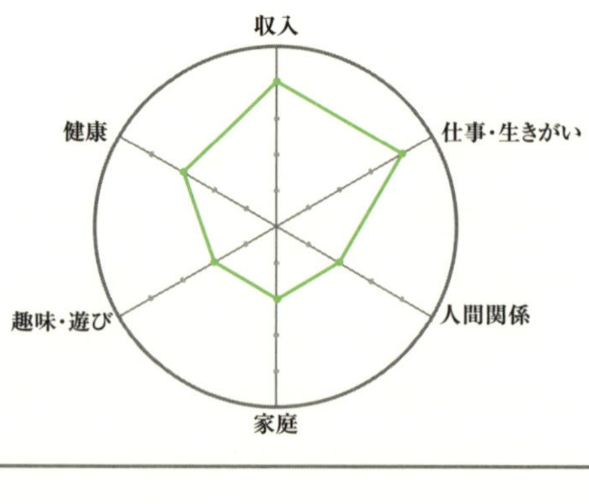

仕事はまずまず順調にいっていたものの、大切にしたいはずの家庭が、まったく望みどおりの家庭になっていなかったのです。

2メインゴールを定める

続いて、最も手に入れたいものを考えました。考えた結果、最も手に入れたいものは、「家族全員がのびのびと言いたいことを表現でき、そのうえで家庭が平和であること」でした。

そしてＡさんは、それをより具体的な目標にするために、自分に次のように問いかけました。「『家族がのびのびとしている平和な家庭』とは、具体的にどんなことが起きている家庭なのだろうか？」

自問自答を繰り返した結果、望む家庭の具体的な姿として、次の２つのことが見つかりました。

（１）**「自分と妻が、おたがい違う意見を持っている時、十分に話し合いをして、その結果、おたがいが納得できる結論に至るようになる」**

（２）**「２人の子どもが、自分に対して意見を言ってきたり、相談をしてくるようになる」**

どちらもＡさんの家庭ではほとんど見られないことでしたし、Ａさんとしてはどちらも「ぜひ実現したいこと」でしたが、次のステップに進むためには、メインゴールをどっちにするか選ぶ必要がありました。そして、「夫婦関係が家庭の基盤である」という判断から、（１）の方をメインゴールに選びました。

Ａさんは、「4アタックポイントを決める」の❶に、メインゴールを次のように記入しました。

4 アタックポイントを決める

❶最も達成（獲得）したいこと＝メインゴール　Having

意見が違う時も、おたがいが納得できる結論に至るまで話し合いができる夫婦関係。

③「最も効果的な行動」の決め方

続いてＡさんは、❷の「それを達成するための行動」の欄に、行動のアイデアを書き出しました。現実的かどうかは考えずに、とりあえず思いつくままに挙げてみました。

4 アタックポイントを決める

❷それを達成するための行動　Doing

①妻の言葉をさえぎらずに、とりあえず最後まで話を聞く。
②意見を言ってくれたことに対して、「ありがとう」とお礼を言う。
③反対意見に対しても興味を持ち、かつ冷静に聞く。
④自分とは違う考えに対しても、「なるほど」とか「そういう考えもあるな」と、あいづちを打つ。
⑤2回に1回は妻の意見を採用する。
⑥「……がいいに決まっている」とか「常識的には……だ」などと自分の正しさを主張しないよう、「俺は……だと思う」というように主観として話す。
⑦話し合う前に目的を確認し、よりよくするための建設的な話し合いにすることを妻に提案する。
⑧話し合いの内容を紙かホワイトボードに記録しながら話す。
⑨怒りの気持ちが湧いてきたら深呼吸をする。
⑩おたがいが相手の話をさえぎらないことを約束し合う。

※最も効果的な行動に◎を付けて下さい＝**アタックポイントA**

さて、以上の中から、行動として適切でないものがあったので、それを消去しました。それは⑩です。これは、Ａさん自身の行動だけでなく、妻の行動も含まれています。

「他人と過去は変えられないけど、自分と未来は変えられる」というのが原則です。行動やあり方を探る時は、“自分の行動”“自分のあり方”に限定して下さい。自分以外の人の行動やあり方も変えることを当てにしてしまうと、その人の状態に依存することになります。これでは、自立的な方法とは言えませんね。

相手が変わらなくても、自分を変えることで、相手との関係は変わってきます。

それから、③に挙げた「反対意見に対しても興味を持ち、かつ冷静に聞く」というのは、精神的態度に当たるので、4❷「それを達成するための行動」ではなく4❸「それを達成するための『自分のあり方』」に移しました。

こうして残ったものを眺めて、その中から２つのアイデアを融合して、次の行動案が生まれました。

「そういう考えもあるな」とあいづちを打ちながら、とりあえず最後まで話を聞く

そして、Ａさんは、この行動に◎を付けました。

自分とは違う意見に対して、黙って聞いていると“しかめっ面”

になりそうだし、かといって、「なるほど」というあいづちは、相手に無理に同意している感じがして抵抗がありました。そこで、「そういう考えもあるな」というあいづちでしたら、「同意しているわけではないけど、そういう考え方があるのも認めるよ」というニュアンスがあって、言いやすいと思ったのです。

こうして、「最も効果的な行動（アタックポイントA）」が決まりました。

④「核となるあり方」の決め方

続いて、❸の欄に、メインゴールを達成するためのあり方を挙げてみました。

4 アタックポイントを決める

❸それを達成するための「自分のあり方」 Being

①自分とは違う意見に対して、興味を持ち、かつ冷静に聞く。

②妻が意見を言う肯定的な目的（例：「会社の経営をよりよくしたい」など）を理解し、感謝しながら聞く。

③自分の意見に固執せず、柔軟に新しいやり方を探求する姿勢で聞く。

④批判的な言葉に対しても寛大な気持ちで聞く。

⑤自分が議論で勝つことよりも、幸せな結果（夫婦ともに納得する）を目指す。

⑥自分の考えに反する意見を言われた時、それは自分を否定したり攻撃したりするものではなく、自分を応援してくれるものだと受け止める。

※核となる「あり方」に◎を付けて下さい＝**アタックポイントB**

以上の中から、核となるものを考えた結果、⑤が一番ピンときたのでした。「夫婦ともに幸せ」という本来の目的を、常に目指せる自分になることが、根本的なことだと感じたからです。

こうして、「核となるあり方（アタックポイントB）」が決まりました。

自分が議論で勝つことよりも、幸せな結果（＝夫婦ともに納得する）を目指す。

5どんなビリーフが人生を妨げていたのか

次はいよいよビリーフを探る段階です。まず、「5ビリーフを探る（A）」のシートの❶に、次の「最も効果的な行動」を記入しました。

5ビリーフを探る（A）

❶メインゴールを達成するための「最も効果的な行動」

◎「そういう考えもあるな」とあいづちを打ちながら、とりあえず最後まで話を聞く。

続いて、妻の話を聞く時の自分の行動（現状）を❷に書き出しました。ここは、具体的な行動を書くのがポイントです。

5ビリーフを探る（A）

❷行動の現状

- 妻の話を最後まで聞かずに、途中でさえぎっている。
- 「いや違う」とか「しかし」という言葉をよく使い、妻の意見に対しては、「思慮が浅い」とか「非常識だ」などの批判や攻撃をすることが多い。
- 自分の意見を言う時は、反論を受け付けないような強い口調で主張する。

さて、最も効果的な行動に対して、現実のAさんの行動は正反対に近いくらいギャップがあるものだったわけです。そこで、ビリーフを探るために、次の質問を自分に問いかけました。

「何を信じているから、話をさえぎったり、批判的な言い方をしてしまうのか？」

「あいづちを打ちながら最後まで話を聞くことを、どんなビリーフが妨げているのか？」

思い当たるビリーフを5❸に書き出していきました。789のワークシートもやってみました。その結果、次の5つのビリーフが見つかりました。

5ビリーフを探る（A）

❸「最も効果的な行動」を妨げているビリーフ

- 議論には勝たねばならない。
- 自分の考え方を変えることは、負けるということである。
- 妻の考えよりも自分の考えの方が、いつも正しい。
- 相手を変えるためには、批判や攻撃をするべきである。
- 相手の言い分を聞いてしまうと、自分の立場が不利になってしまう。

続いて、「6ビリーフを探る（B）」で、あり方を妨げているビリーフを探りました。

まず❶に、「核となるあり方」を記入しました。

6ビリーフを探る（B）

❶メインゴールを達成するための「核となるあり方」

◎自分が議論で勝つことよりも、幸せな結果（＝夫婦ともに納得する）を目指す。

そして、妻の話を聞くときのあり方（現状）を❷に書き出しました。ここは、自分の精神的な態度（スタンス）を書くのがポイントです。

6 ビリーフを探る（B）

❷あり方の現状

- 自分の考えに反対する意見を妻が言ってくると、怒りが湧いてくる。
- 自分の正しさを主張することに固執し、妻に対しては攻撃的スタンスになる。
- 強引にでも自分の意見を押し通したくなる。

そして、ビリーフを探るべく、自分に次の問いかけをしました。

「何を信じているから、妻の反対意見に対して腹が立ち、強引に自分の意見を押し通そうとするのか？」

「おたがいの納得よりも、自分が勝つことを優先してしまうのは、どんなビリーフがあるからなのか？」

思い当たるビリーフを❸に書き出しながら、先ほどやった789のワークシートも参考にしました。その結果、次の4つのビリーフが見つかりました。

6 ビリーフを探る（B）

❸「核となるあり方」を妨げているビリーフ

- 妻は私の考えを理解し賛同すべきだ。
- 妻は夫に対して従順であるべきだ。
- 自分の考えに反対されるということは、自分という人間が否定されているのと同じだ。
- 議論には勝たねばならない。

5で探ったビリーフと同じもの（「議論は勝たねばならない」）もありますが、それはそれでＯＫです。同じビリーフが、行動にもあり方にも影響を与えていることはあります。

6ビリーフを弱める「自分への語りかけ」

さて、いくつかビリーフを見つけたところで、書き換えていくビリーフを、まずは１つに絞ります。Ａさんの場合、一番ネックになっていそうなビリーフとして、次のビリーフを選び、「10非合理的ビリーフに反論する」の❶に記入しました。

10非合理的ビリーフに反論する

❶弱めたい非合理的ビリーフ

妻は私の考えを理解し賛同すべきだ。

そして、❷の自問自答を十分に繰り返した後、反論を❸に書き出しました。自分にやさしく語りかける気持ちで書いたそうです。

10非合理的ビリーフに反論する

❸そのビリーフに対する反論

「妻は私の考えを理解し賛同すべきだ」だって？

それは、あまりに非現実的な考えじゃないかな。

だって、君と妻は価値観の違う、別の人間だよね。

違う親に育てられ、違う環境で生きてきて、当然、考え方も違う。

なのに、「私の考えを理解し賛同するべき」っていうのは、現実的には無理だよ。

それは、妻を１人の人間として尊重していないのといっしょだと思うよ。

君の望んでいる夫婦関係じゃないよね。

賛同してもらえるとうれしいけど、現実的には、賛同してもらえないことだってたくさんあるはず。

そもそも、妻が自分の考えに絶対賛同しなければならない理由なんてあるの？

賛同されなかったら大問題にでもなるという根拠はあるの？

もし仮に、妻が我慢して、いつも賛同してくれるとしたら、それが君の望みかな？

妻はストレスをためるだろうし、それは妻にとって幸せなことじゃないよね。

妻を犠牲にして自分を押し通すなんて、君の本意じゃないよね。

妻が反対意見を言ってくれるのは、その反対意見が役に立つかもと思ってのことだよね。

「よかれ」と思うからこそ言ってくれるんだ。

ありがたいパートナーじゃないか。

何も言われなくなったら、それこそ一番さびしいよね。

「妻は私の考えを理解し賛同すべきだ」って考えは、ずいぶん損な考えでもあるよね。

その考えのせいで、妻の意見に対していちいち腹が立って、心おだやかでなくなっちゃう。

この考えのせいで、今までたくさんの夫婦喧嘩をしてきたし、ムダな時間を浪費してきた。

この考えこそが、君が一番望んでいる「幸せな夫婦関係」を妨げてきたんだ。

そろそろ勇気を持って、手放していこうよ。この考えを。

⑦新しく生まれ変わるために

引き続いて、「11効果的な考え方を採用する」の❶に、新しく採用したい考え方を書き出しました。

11効果的な考え方を採用する

❶効果的な考え方

私にとって一番大切なことは、幸せな夫婦関係を築くことだ。
議論に勝つことや、私の考えに賛同してもらうことではない。

幸せな夫婦関係を築くためには、妻の人格を尊重することが大切だ。
尊重するということは、妻が私の考えに反する意見を言ってきても、それをまず聞くということだ。

私はその訓練をする必要がある。
次に妻が反対意見を言ってきた時がチャンスだ。
妻を尊重する訓練をするチャンスだ。
妻が批判的な言い方をしてくれるほど、いい訓練になる。

違う人間なのだから考えが違うのは当たり前だ。
その違う考えを尊重するんだ。
違う考えどうしを融合すれば、新たな進歩が生まれる。
妻の意見から、謙虚にヒントをもらおう。
そして、進歩し成長しよう。

妻よ、私を見限らずに、これからもヒントを与えてくれ。意見をしてくれ。

そして、私自身に言いたい。
君の意見に賛同してもらえなくってもいいよ。
君の価値は変わらない。
議論に負けてもいいし、考え方を変えてもいいよ。
それで君の価値は変わったりしないよ。

こうしてAさんは、新しく採用したい考え方をまとめました。

そして、10❸「そのビリーフに対する反論」の文章と、この11❶の文章を、毎日、朝起きた直後と夜寝る直前に声に出して読むことにし、それを3か月間続けることにしました。

続いてAさんは、新しく採用したい考え方を集約した文章を2種類考え、それをセルフトークの言葉としました。次の2つです。

11効果的な考え方を採用する

❷セルフトークの言葉

①幸せな夫婦関係が最優先、妻の言葉はありがたいヒント。

②訓練のチャンス！　成長のチャンス！

まず、常日頃から繰り返しつぶやくのが①の言葉です。これを一番基本的なセルフトークとし、おまじないのように繰り返すことにしました。

②は、妻の言葉に対して腹が立ちそうになった時に、自分に言い聞かせる言葉です。この言葉によって、「今こそ、妻の考えを受け止める訓練ができる。そして、自分が人間的に成長するチャンスでもある」ということに気づき、冷静な自分を取り戻せると考えました。

Aさんは、この2つの文章（セルフトーク）を手帳にもメモし、最初はそのメモを確認しながらつぶやきました。そして、間もなく完全に記憶し、つぶやくことが習慣になっていきました。

8 Aさん、行動を開始する

Aさんの場合、10❸の文章と11❶の文章を朝晩読むことと、セルフトークを繰り返しつぶやくことを同時に始めたのですが、その3日後に、次の「12変化を促進する仕組み作り」に取り組みました。

まず、「妻は私の考えを理解し賛同すべきだ」というビリーフを弱める行動を考えて、❶に書き出しました。

12変化を促進する仕組み作り

❶非合理的ビリーフを弱める行動

①妻から反対意見を言われた時、その意見のよい点を考え、後で書き出す。
②妻から反対意見を言われた時、その意見を採用し、それでうまくいくよう考えてみる。
③妻から反対意見を言われた時に、「意見を言ってくれてありがとう」と、まず感謝の言葉を伝え、話し合いに入る。
④妻からの反対意見を素直に聞くことができている人を、モデルとして見つけ、その人から、「妻の意見に耳を傾けてよかった」と思う経験を聞き出す。
⑤妻から反対意見を言われた時、おたがいが納得できるアイデアが出るまで話し合う。

※課題として選ぶ行動に◎を付けて下さい（＝行動課題）

以上5つの行動案が出てきたので、この中から行動課題を選びました。

理想的には⑤の行動ができるといいのですが、いきなりこの行動をするのは難易度が高いと判断しました。そこで、現実的で効果のありそうな行動として、①と④を選び、行動課題にしました。そして、1つ実行するごとにチェックマークを付けることにしました。

次に、①もしくは④の行動課題を実行した場合のごほうびを決めました。

⑫変化を促進する仕組み作り

❷行動へのごほうび

- ・１つ実行するごとに、自分で自分を思い切りほめる。
- ・チェックマークが５つ貯まるごとに、大好きな格闘技のビデオを１本レンタルする。
- ・チェックマークが２０個貯まると、しばらくお休みしていた趣味の釣りを、丸一日楽しむ。

そして、Aさんは、次の言葉も付け足しました。

何よりのごほうびは、家族の幸せと自分の成長がともに実現すること

こうしてAさんは、3か月間、次の3つのことに取り組みました。

⑩❸の文章と⑪❶の文章を、毎日、朝起きた直後と夜寝る前に声を出して読む

生活の中でセルフトークを繰り返しつぶやく

行動課題を実行するごとにチェックマークを付け、その数に応じたごほうびを楽しむ

⑨人生の中の「記念すべき３か月」

さて、Ａさんはどうなったでしょうか？　３か月後にＡさんに書いていただいたレポートをダイジェストでご紹介しましょう。

この３か月間は、私の人生の中で記念すべき３か月間になりました。なぜなら、結婚して１７年間変えることができなかった自分のパターンを、大きく変えることができたからです。

以前は、私のやり方に妻が反対した時、私は怒りを抑えることができませんでした。

そして、妻を攻撃していました。後でいつも反省しながらも、自分を変えられなかったのです。

しかし、ビリーフの書き換えプログラムに取り組んだおかげで、妻の意見を最後まで聞くことができるようになりました。そして、私だけが考えたやり方よりも、妻の意見を参考にしていっしょに考えたやり方の方が、はるかにいい結果を出すということがわかったのです。

私自身の盲点になっていることを、妻は教えてくれていたのです。

また、私が話をちゃんと聞くようになった結果、妻の話し方も穏やかになってきました。そして、夫婦喧嘩の数が驚くほど減ってきています（まだまだ喧嘩はしますが）。

つい先日、長女から「お父さんとお母さん、最近、夫婦喧嘩が減ったね」と言われ、喜びをかみしめました。

３か月間の経過を整理しますと、最初の１か月は、正直言って進歩が感じられませんでした。朝晩に決めた文章を読み、セルフトークもやりましたが、あいかわらず妻の言葉に反応して怒っていました。行動課題のチェックも、２回しか付けることができませんでした。「自分は変われないのでは？」という疑問すら感じました。

しかし、２か月目の半ばくらいから、自分が変わってきていることを実感するようになりました。以前なら明らかに怒っていた場面で、話を聞くことが何度もできたのです。２か月目を終えるころには、行動課題のチェックの累計が１０個になりました。

そして、３か月目に入るころには、私の聞く態度が変わったことを妻までが認めてくれるようになりました。行動課題も３か月目の半ばで２０個を達成し、久しぶりに釣り三昧の１日も楽しみました。

以上が、３か月間の振り返りですが、私の過去の人生から考えると、劇的とも言える変化です。もちろんまだ未完成ですので、今後も継続していきたいと思います。

さらに、この方法を使って、私の中の非合理的ビリーフをひとつひとつはずしていきます。

この方法を知ったことで、人生の成功に対して、大きな自信と確信を持てるようになりました。本当にありがとうございます。

いかがでしたか？　これは、あなたにも起こせることなのです。

ここまでのＡさんの事例は、あなたが取り組む時の参考になるよう、プロセスを詳しく説明しました。

引き続き、Chapter 2 とChapter 3 で紹介した他の方々のプロセスを、エッセンスにしぼってご紹介します。

Case 2 女性起業家B子さんは競争相手を仲間に変えた

経営コンサルタントのB子さん（46ページ参照）は、同業者の活躍に対して嫉妬心や焦りを感じてしまい、彼らに負けないために頑張っていました。その競争的なスタンスのため同業者仲間からの評判が悪く、B子さんは孤独感を感じていました。

ワークシートを使って整理していく過程で、B子さんが本当に望む人生のビジョンが見えてきました。その中で、とくにB子さんが実現したいと思ったものが2つありました。

1つは、競争に勝つために頑張るのではなく、仕事の楽しさを存分に味わいながら働くことでした。それでこそ、自分らしさが発揮でき、毎日も楽しくなると思ったのです。

そしてもう1つは、心を開いて相談し合えるような仲間をつくることでした。とくに同業者の中に親しい友人が何人もいたら、どんなにか楽しいだろうと思いました。

B子さんの場合、望む人生の実現を妨げていたのは、次のビリーフでした。

6 ビリーフを探る（B）

❸「核となるあり方」を妨げているビリーフ

- 人生は結果がすべてである。
- いつも人に勝たねばならない。
- 仲間をつくるためには尊敬されねばならない。
- 自分が成功するためには、同業者が成功してはいけない。

そして、この中から「いつも人に勝たねばならない」というビリーフを選んで、書き換えに取り組みました。

B子さんは、「結果で他人に勝って優位に立てば、そのことで尊敬されて仲間も増える」と信じ込んでいました。「ずば抜けた業績を上げれば、注目を浴びる。自分が『すごい人』として尊敬されれば、人も周りに集まってくる」というわけです。

つまり、自分が上にいて、その下に人が集まってくるという「縦の人間関係」をつくろうとしていたのです。

しかし、ビリーフへの自問自答を繰り返しているうちに、B子さんは、あることに気づきました。それは、本当に楽しくて安心できる人間関係は「横の人間関係（＝対等な友人関係）」である、ということでした。

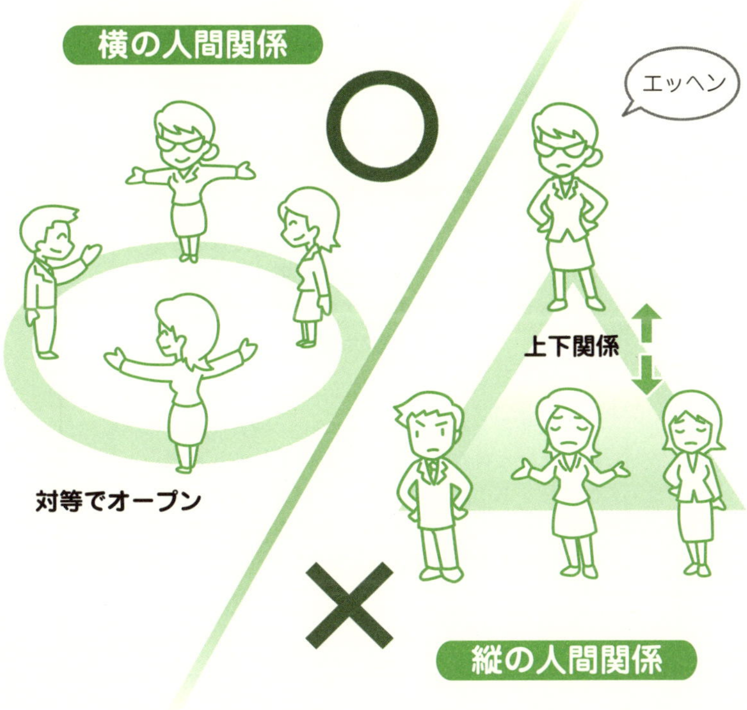

横の人間関係とは、対等でオープンな関係です。ありのままの自分を出しても受け入れ合える関係でもあります。「すごい自分」や「強い自分」を演じる必要がないので、とても楽で自由です。

一方、縦の人間関係においては、自分の位置が上か下かが重要です。上に位置するためには、自分が人より秀でることで尊敬されないといけません。「すごい自分」であり続けるために、いつも競争に勝ち続けないといけないのです。また、自分以外の「すごい人」の存在は、自分のすごさの印象を薄めてしまいますので、邪魔に感じてしまいます。

B子さんは、ビリーフへの反論を考えました。そして、勝つことで得られる「縦の人間関係」のもろさを強調しました。

⑩非合理的ビリーフに反論する

❸そのビリーフに対する反論

私の業績や結果だけに興味を持って集まってきた人は、私が不調になると離れていった。私を「すごい人」だと思ったから寄ってきた人は、私の「すごくない部分」を知ると離れていった。

「私はすごい人よ」って、自分の虚像ばかりアピールするから、その虚像に興味ある人ばか集まっては、実像に触れて去っていくのよ。私だって、すごくない部分も持っているし、勝てない時もある。

人間関係を築く手段として、「勝負に勝つこと」だけに依存するとしたら、それはしんどいし無理がある。人生の楽しみを、「勝負に勝つこと」にしてしまったら、とても不安定でイライラした人生になる。

そして、B子さんが採用した考え方は、次のようなものでした。

11効果的な考え方を採用する

❶効果的な考え方

私の中には、「すごくない私」もいる。それでいい。そんな私も含めて、そのままの私で付き合える友だちをつくっていこう。

そして、人生では勝てない時だってある。それでいい。そんな時にこそ励まし合える友だちをつくろう。そのためには、周りの人を競争相手と考えるのではなく、サポートし合う仲間と考えよう。

競争で勝つことより、与えること役に立つことを優先しよう。その方が、結果的に豊かな人生になるし、本当に望む人生に近づく。

さらに、セルフトークは、
「勝つことよりもハッピーな人生！」
「ベストを尽くして、結果はおまかせ！」
「そのままの私でいいよ」
の3つを選びました。とくに、3つ目の「そのままの私でいいよ」は、朝晩10回ずつ、鏡の中の自分に向かってやさしく言うようにしました。

ビリーフを弱めるための行動課題は、「同業者に対して役に立つ情報を発信する」の1つにしぼり、役に立ちそうな情報を同業者にメールやニュースレターなどで発信するようにしました。

最初のうちB子さんは、質の高い情報を発信することで、同業者から一目置かれようとしていたそうです。無意識のうちに縦の関係を目指していたのです。しかし、それに気づいてからは、自分の失敗談など「すごくない自分の情報」も含めて、役に立ちそうな情報は何でも発信するようにしました。

そして、その情報発信がきっかけになって、「いっしょに勉強しながら情報交換をしていこう」という仲間が数人でき、定期的な勉強会も始まったのです。Ｂ子さんは、その勉強会仲間と話す時も、「すごい自分」を演じずに、そのままの自分を正直に表現することを心がけました。

今ではＢ子さんは、同業者の人たちと、強みを活かし合ったコラボレーションチームをいくつか作り、そのチームに大きな仕事も入ってくるようになりました。かつての孤独感はなくなったようです。

Ｂ子さんの言葉も紹介します。

> 同業者に勝つためではなくて、自分の人生をハッピーにするために仕事をするという意識に変わってきました。おかげで、コンサルタントの仕事のおもしろさを純粋に楽しめるようになりました。
>
> これが、一番の収穫です。さらに、休暇も十分にとって、仕事以外の趣味も楽しめるようになりましたし、それをいっしょに楽しむ友だちも増えつつあります。
>
> 「そのままの自分でいい」って、楽だし自由ですね。

Case 3 セールスレディーC子さんは断られることが怖くなくなった

セールスレディーのC子さん（48ページ参照）は、相手から「ノー」と断られるのが苦手でした。そのため、見込み客とアポイント（約束）を取るときや、セールスの最後にクロージングするときに、躊躇してしまうのでした。また、何度か断られ続けると、モチベーションが大幅に下がってしまい、売上げも伸び悩んでいました。

C子さんの場合、最も達成したいこと（メインゴール）は明確でした。それは、営業の売上げ数字を上げて、目標とする収入を得ることでした。

そして、その達成を妨げていたのは次のようなビリーフでした。

5 ビリーフを探る（A）

❸「最も効果的な行動」を妨げているビリーフ

- （自分の申し出や提案を）断られるべきではない。
- 断られるということは、自分という人間が拒否されるということだ。
- 断られることはみじめなことだ。
- がっかりした気持ちを味わうべきではない。

そしてこの中から、「（自分の申し出や提案を）断られるべきではない」というビリーフに対して、書き換えのワークに取り組みました。

C子さんは、「断られることなく、売上げ数字だけ上げたい」という非現実的な期待を自分がしていることに気づきました。ビリーフへの反論としては、次の2点にポイントを置きました。

10 非合理的ビリーフに反論する

❸そのビリーフに対する反論

・断られることで失うものは何もない。何回断られても、実質的な損はまったくない。

・断られることなく、売上げ数字だけを上げることは不可能。「断られる」と「売れる」はセットになっている。だから、断られる必要がある。

そして、新しく採用した考え方は次のようなものでした。

11 効果的な考え方を採用する

❶効果的な考え方

・売れている人は断られている数も多い。断られる数が増えることは、売上げも上がるということ。断られる数が多いほど、自分を誇りに思っていい。

・これから3か月間、たくさん断られることを目指してみよう。同時に売上げも上がるはずだ。断られるということで何の損もしない上に、売上げが上がる。断られるということは、前進している証拠。

・断られるということは、自分が強くなっているということ。

セルフトークは、「断られながら前進する私は素敵だ」「断られても損はない」の2つを選びました。

ビリーフを弱めるための行動課題は、「“アポ取り”もしくは“クロージング”をして断られる」というものにしました。

もちろんこれは、わざわざ断られるようにアポ取りやクロージングをするということではありません。ふつうにアポ取りもしくはクロージングをして、結果的に断られたらそれを行動課題の達成と考え、1回断られるごとにチェックを付けていくということです。

そして、たまったチェックの数に応じて、自分にごほうびを出すのです。

⑫変化を促進する仕組み作り

❷行動へのごほうび

- その日に10回断られたら喫茶店へ入って好きなコーヒーを飲む。
- その日にさらに10回断られたらケーキなどのお菓子を食べてよい。
- 累計800回断られたら、自分に1泊2日の旅行をプレゼントする。

この行動を繰り返せば、断られる数が増えるとごほうびが出るので、断られた時の敗北感が減ると考えました。また、この行動を繰り返すということは、アポ取りとクロージングを繰り返すということになるので、結果として売上げアップにもつながります。

その結果、「断られるべきではない」というビリーフが弱まっていくと考えました。

C子さんの場合、１日分のチェックをつける表を作りました。

以前のＣ子さんは、断られるたびに「ハーッ」とため息をついて敗北感を味わっていました。しかし、行動課題を決めて以降は、断られるたびに、少しがっかりする気持ちとともに、コーヒーやケーキが頭に浮かび、「１点追加！」と喜ぶ気持ちも出てきたのです。

そして、チェックの累計が700個を超えたあたりからは、断られるたびに、「内心ガッツポーズをしていました」とのことです。断られるたびにダメージを受けていた自分が不思議に思えるくらいだったそうです。

もちろん、わざと断られていたわけではありません。行動課題に取り組み始めたのが、ちょうど月初だったのですが、Ｃ子さんは、その月に久々に月間目標を達成しました、そして２か月目には、過去の自己最高記録の１.５倍を超える売上げを達成したのです。

Ｃ子さんのコメントです。

> 今では、コーヒーやケーキなどのごほうびがなくても、行動量をこなすようになりました。断られることのダメージが減ったので、セールスそのものを楽しめるようになったからです。
>
> 以前は、“断られること”と“売上げ”は逆の位置にあるものだと思っていましたが、同じ方向にあることに気づけたんです。
>
> 本当に仕事が楽しいし、目標もほぼ確実に達成できるようになりました。セルフトークは習慣になってるので、今も無意識につぶやいてますね。

Case 4 ウェブデザイナーDさんは自分がお金持ちになることを許せた

ウェブデザイナーのDさん（50ページ参照）は、低い価格で仕事を引き受けてしまうため、朝から晩まで働いている割には収入が増えませんでした。そして、高額で依頼された仕事ではミスを連発してしまいます。もともとDさんは、経済的に豊かな人に対してよいイメージを持っていませんでした。

ワークシートを記入する過程で、「お金の心配さえなければやってみたいこと」がいくつもあることを再確認しました。そして、「もっと収入が欲しい」と思っていたにもかかわらず、「いくら欲しいのか」を明確にしていなかったことにも気づきました。

そこでDさんは、まず、どうしても実現したいことをいくつか選びました。そして、それらを実現するために必要な収入額を割り出し、その金額を目標収入額にしました。

さらに、雑誌やカタログなどから、実現したいことをイメージさせてくれる写真やイラストを切り取り、それをコルクボードに貼って仕事机の前に置きました。これは「宝地図」と言うのですが、『幸せな宝地図であなたの夢がかなう』（望月俊孝著、ゴマブックス刊）に詳しく書いてあります。

Dさんは、この宝地図を見て将来の理想のライフスタイルをイメージしながら、ワークに取り組みました。とくに海外のリゾート地の写真は、Dさんをワクワクさせてくれました。

Dさんが、高収入を得ることを妨げていたのは、次のビリーフでした。

5 ビリーフを探る（A）

❸「最も効果的な行動」を妨げているビリーフ

・お金をたくさん稼ぐのは悪いことだ。
・お金は汚いものである。
・お金をたくさん持つと必ず不幸になる。

そしてこの中から、「お金をたくさん稼ぐのは悪いことだ」というビリーフを選びました。

Ｄさんは、最初なかなかビリーフに反論できませんでした。ビリーフが正しいと思えたのです。実際、お金儲けに目がくらんだ悪人が、小説やドラマにもよく出てきます。また、お金のために人生が狂ってしまうストーリーの映画などにも、現実味を感じていました。

そこでDさんは、「幸せで心豊かなお金持ち」が登場する本を何冊か見つけて読むことから始めました。とくに、『ユダヤ人大富豪の教え』(大和書房刊) をはじめとする本田健さんの著書は、大変参考になったようです。

こうしてDさんは、ビリーフを論破する材料を集め、反論の文章を考えました。

⑩非合理的ビリーフに反論する

❸そのビリーフに対する反論

お金を稼ぐこと自体が悪いことではない。「たくさん稼ぐのは悪いことだ」というのは、父の考え方をそのまま信じ込んだだけではないか。

大切なのは、「どんな仕事をして稼ぐのか」ということと、「稼いだお金を何に使うのか」ということだ。

世の中の役に立つ仕事をして報酬を得るのであれば、"稼ぐこと"は"世の中に貢献したこと"の証拠ではないか。

そして、収入にゆとりができれば、海外旅行などを家族で楽しむこともできる。家族を喜ばせることができる。これは、素晴らしいことだ。

また、稼いだお金で寄付をしているお金持ちもたくさんいる。その寄付の恩恵を受けている人たちもたくさんいる。

お金は使い方次第で、とても素晴らしい親切の道具にもなるのだ。

そして、次のような考え方を採用することにしました。

11 効果的な考え方を採用する

❶効果的な考え方

私は、私と家族のために、いい仕事を世の中に提供して、十分な報酬を得る。私の収入額は、私の“家族への愛情”と“世の中への貢献”のバロメーターだ。そして、お金は使い方次第で、とても素晴らしい道具になる。

私は、収入を増やしながら、お金の素晴らしい使い方を探求する。お金との幸せな関わり方を、一生かけて探求していこう。

セルフトークは、「お金は“家族への愛情”と“世の中への貢献”のシンボル」にして、寝言でもつぶやく意気込みで、日夜繰り返したそうです。

ビリーフを弱めるための行動課題は2つ決めました。

12 変化を促進する仕組み作り

❶非合理的ビリーフを弱める行動

①お金との幸せな関わり方の参考になる本を読む。

②いっさい値引きをせずに、もともとの設定価格で仕事を引き受ける。

※課題として選ぶ行動に◎を付けて下さい（＝行動課題）

①については、1冊読み終わるごとにチェックを1個付けました。一度読んだ本でも、再度読み終えたら、その都度チェックを付けることにしました。また、②については、もともとの価格で仕事を1つ引き受けるたびに、チェックを5個付けるようにしました。

このように、難易度の高い行動に対しては、付けるチェックの数を多めに設定するのもいいですね。

さらにDさんは、行動課題とは別に、「毎月の収入の３％を社会福祉に関することに寄付する」ということを決めました。素晴らしいお金の使い方を、すぐに実践し始めようと思ったのです。

家族を説得し、その月から実行し始めたのですが、これはビリーフを書き換えるうえで非常に大きな効果がありました。これを決めたことで、「自分には、十分な収入を得る資格がある」と思えるようになったそうです。

ビリーフへの取り組みを始めた月から現在まで、Ｄさんは一度も値引きをしていません。そして、値引きをしなくても同じペースで仕事が入ってくるということに気づきました。お客さんは、値引きを理由にＤさんを選んでいたわけではなかったのです。

また、取り組みを始めて半年後に、設定価格の値上げを行いました。Ｄさんの技術から考えて、値上げをしても十分妥当だと考えたからです。以前は、従来の設定価格でも「もらい過ぎ」という気がして値引きしていたことを考えると、驚くべき変化です。

Ｄさんが取り組みを始めて約１年が経ちました。Ｄさんは次のようなコメントを残しています。

おかげさまで、１年前の月収と比べて、ほぼ２倍近い月収になってきました。仕事の単価が上がっただけでなく、新規顧客の数も順調に伸びてきました。そのぶん毎月寄付する額も、月収の５％にアップさせました。

最近は、自由な時間をもっと増やすために、収入額を維持しながらも働く時間を減らすためのマーケティング戦略を考えています。こうしたことに意欲的に取り組めるのも、ビリーフの書き換えにチャレンジしたおかげです。

Case 5 ビジネスマンＫ君は失敗を恐れながらも行動できるようになった

「完全であれ」というドライバーが強いＫ君（55ページ参照）は、何をやっても「これで十分」という気がせずに、後であれこれ反省点が浮かんできて不安になるのでした。また、失敗するのが怖くて、思い切った行動ができないのも悩みでした。そのせいで、チャンスを逃した経験もたくさんあります。

Ｋ君の場合、「完全であれ」というドライバーを弱めることで、失敗を怖れずに思い切った行動ができるようになりたかったのです。これができるようになれば、仕事においても大きな成果が出せると考えました。

そしてもう１つ、「不完全さや失敗をおおらかに受け入れることができるようになる」ということも実現できれば、人生がどんなに楽になるだろうかと思いました。

そして、「完全であれ」というドライバーのもとになっているビリーフを４つに特定しました。

6 ビリーフを探る（B）

❸「核となるあり方」を妨げているビリーフ

・いつも完全であらねばならない。
・ミスや失敗をするべきではない。
・欠点があってはならない。
・人から認められねばならない。

この中から「いつも完全であらねばならない」のビリーフを選んで、ワークに取り組みました。

このビリーフに対してのK君の反論は次のようなものでした。

10非合理的ビリーフに反論する

❸そのビリーフに対する反論

いつも完全であるなんて、神様でもないかぎり不可能だ。元々、人間は不完全な存在だ。不完全だからこそ、愛嬌もあるし人間味がある。

逆に、非の打ち所がない完全な人間がいたら、なんか怪しくて安心できない。不完全な方が愛されるんだ。

人間は失敗によって学び成長していく。不完全だから成長できる。完全であるということは、成長できないということだ。それに、完全を目指すと行動ができない。チャンスも逃してしまう。これは大損だ。

そして、K君が採用した考え方は次のようなものです。

11効果的な考え方を採用する

❶効果的な考え方

人間らしく生きよう。人間は誰でも失敗をするし欠点も持っている。だからこそ、成長する可能性があるのだ。

不完全ということは、可能性があるということなのだ。不完全でもいいから行動を起こそう。その結果失敗したら、そこから学んで成長しよう。

行動を起こすということは、学びと成長の機会を創り出すということでもある。行動した結果うまくいけば、それはそれでいいことだし、また、うまくいかなくても、学べるし成長できるのだから、それもそれでいいことだ。

つまり、行動した結果は、どっちに転んでもOKなのだ。失敗してもいいぞ。不完全でもいいぞ。

セルフトークの言葉は、「行動した結果は、どっちに転んでもＯＫ」「完全であるより、成長することを選ぶ」の２つでした。

ビリーフを弱めるための行動課題は、「行動をして失敗する」というものでした。わざわざ失敗するように行動するということではなく、行動した結果として失敗をした場合、行動課題を達成したと考えて、１つ失敗するごとにチェックを付けていったのです。

少し解説しておきます。Ｋ君は、「失敗を怖れるあまり、行動を起こせない」ということに問題を感じていたわけです。これを２つに分けると、「失敗を怖れる」という感情の問題と、「行動を起こせない」という行動の問題に分けることができます。

一般的に、感情よりも行動の方が変えやすいので、「行動から変えていく」というやり方が自然です。感情と比べて行動は、意志の力でコントロールしやすいですね。

Ｋ君のケースで言えば、「失敗を怖れなくなる」というように、感情から変えようとすると難しいのですが、「失敗が怖くても、行動を起こす」と考えれば、ずいぶんやりやすくなります。

この行動課題を決めてごほうびを出すやり方は、感情は置いておいて、行動のみを評価するやり方なので、実行しやすいわけです。

そして、「失敗が怖くても、行動を起こす」という行動を繰り返

しているうちに、感情の方も変わってきて、失敗に対する怖れが次第に弱まってくるのです。まず、行動を変えていけば、やがて感情は変わってくるということです。

現在Ｋ君は、取り組み始めて４か月になりますが、職場の上司や先輩からも「思い切った行動ができるようになった」と評価されるようになりました。実際、以前のＫ君だったら躊躇していたであろう行動を、いくつも実行しています。

行動した後に反省点が浮かんできて不安になったり、失敗に対して怖れる気持ちが出てきたり、ということは今もあるそうですが、以前と比べてずいぶん弱まりました。そして何より、「それらの感情はそのままにしておいて、行動できるようになった」のが、Ｋ君にとっても大きな成果でした。

Ｋ君が手に入れた最大の（？）成果の１つを紹介しましょう。Ｋ君には、最近付き合い始めた彼女がいます。

実はＫ君は、これまでの30年弱の人生の中で、女性と付き合ったことがありませんでした。自分の欠点や不完全さが気になり、また失敗することも怖くて、女性にアタックしたことがなかったのです。

しかし、「行動して失敗をする」という行動課題に取り組み始めて、いろいろな行動へチャレンジするようになりました。

そして遂に、かねてから意中の人だった女性に、声をかけたのです。緊張で顔を引きつらせ、声をうわずらせながら、つまり、不完全な状態のまま、声をかけることができたのです。その結果、交際をスタートさせることができました。

「失敗を怖れながらも、行動を起こす」

をやったからこその大きな成果ですね。こうした経験を積み重ねながら、Ｋ君の中の「完全であれ」というドライバーは、どんどん弱まっていっているようです。

Case 6 女性社労士Ｌ子さんは仕事と家庭の両立を実現できた

「もっと努力しろ（一生懸命やれ）」というドライバーが強いＬ子さん（58ページ参照）は、社会保険労務士として事務所を持ち、いつもハードに働いていました。夜は遅くまで働き、休日に仕事をすることもしばしばでした。

疲労もたまり、家族とのんびり過ごす時間も持ちたいと思いつつも、駆り立てられるように働くのでした。また、趣味など自分のやりたいことが、見つからないという悩みもありました。

Ｌ子さんは、ワークシートに記入して、自分の人生のアンバランスさを、あらためて自覚しました。家庭、趣味・遊び、健康などが完全に犠牲になっていて、仕事にばかり時間を費やしていました。そして、それは決して、Ｌ子さんの望む人生ではなかったのです。

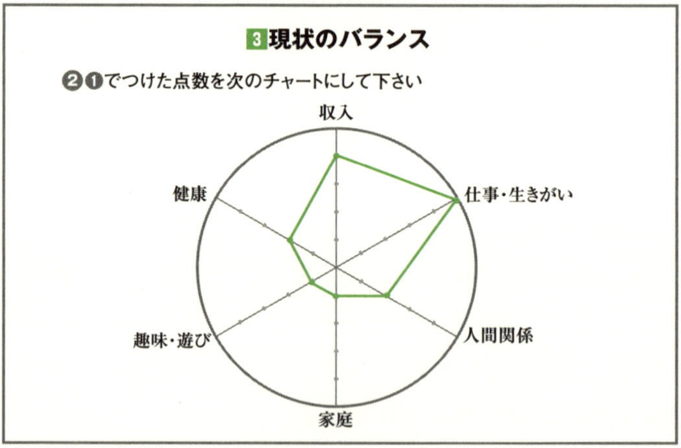

Ｌ子さんは、「もっと努力しろ（一生懸命やれ）」というドライバーを弱めて、バランスのとれた人生を実現したいと思いました。

仕事も無理なく楽しみながら、家族とともに過ごしたり、趣味を見つけて楽しんだりする人生です。無理のないペースで生きることで、ストレスもためず、健康も維持することができそうです。

L子さんは、「もっと努力しろ（一生懸命やれ）」というドライバーのもとになっているビリーフを3つ見つけました。

6 ビリーフを探る（B）

❸「核となるあり方」を妨げているビリーフ

・いつも頑張っていなければならない。
・休むべきではない。
・楽しんではいけない。

そして、「いつも頑張っていなければならない」というビリーフ選んで、書き換えのワークを進めました。

10 非合理的ビリーフに反論する

❸そのビリーフに対する反論

いつも頑張らなければならないなんて、しんどいよね。つらい時もあれば、休みたい時もあるよね。そこで無理して頑張っているから、精神的なストレスと体の疲れがたまっているんだと思う。

たまに休んだり、のんびり楽しんだりしないと、いつかパンクしちゃうかもしれない。

それに、いつも頑張っていなければいけないのだったら、アンバランスな人生になっちゃうよ。趣味も見つけられないまま人生を終わってしまいそう。家族と過ごす時間も犠牲になってしまう。それは家族も望んでいないよね。

頑張れない時があっても、大問題なんて起きないよ。私が休んだからといって、私を責める権利は誰にもないんだよ。

そして、新たに採用したい考えも、自分にやさしく語りかけるような文章にしました。

11効果的な考え方を採用する

❶効果的な考え方

今までよく頑張ってきたね。お疲れ様！

これからは、もっと休んでもいいよ。もっと楽しんでもいいよ。人生のバランスをとっていいんだよ。楽しむために生まれてきたんだから。幸せを味わうために生まれてきたんだから。

「私の人生は私のもの」って考えて、自分にとって楽であることや楽しいことを優先してみよう。頑張る時は頑張って、休むときは休んで、楽しむ時は楽しもう。

頑張る方は十分やってきたから、とくに休むことと楽しむことを意識してみよう。

Ｌ子さんは、この文章を、毎日朝晩５回ずつ、自分の中のインナーチャイルド（内なる子ども）に向けて語りかけるように読みました。

これは、自分の中に、傷ついたままの子どもの自分がいることを想像して、やさしく受容的に語りかける方法です。心の中の傷や思い込みを、やさしくやわらげていく効果が期待できます。

Ｌ子さんの場合、「頑張らなくてはいけない」と信じて頑張っている子どもがいることを想像して、その子に語りかけたわけです。

セルフトークの言葉は、「休んでいいよ。楽しんでいいよ」でした。これも、インナーチャイルドに向けて語りかけました。

ビリーフを弱める行動課題の候補として、いろいろなアイデアが浮かびました。

12 変化を促進する仕組み作り

❶非合理的ビリーフを弱める行動

- 1日のうち、仕事しない時間を決めて、その間は仕事をしない。
- 1か月のうち、休日を先に確保し、旅行や遊びなどの予定をあらかじめ入れる。
- 多趣味な人や人生を楽しんでいる人と会話をする。
- 「仕事量に対して報酬が低い仕事」を断っていく。
- 趣味を見つけるために情報を集める。
- 芸術（音楽、絵画）や娯楽（映画、グルメなど）に触れる。
- 仕事の目標を、人生のバランスを崩さない範囲で決め、その目標以上は追求しない。

※課題として選ぶ行動に◎を付けて下さい（＝行動課題）

そして、「1日のうち、仕事しない時間を決めて、その間は仕事をしない」を行動課題に選んで、実行するごとにチェックを付けていきました。

こうしてL子さんは、休んだり楽しんだりができるようになりました。仕事の量も調整することができ、午後6時には仕事を終えることができるようになりました。週休2日も、ほぼ実現しています。

仕事の合間に、お気に入りの喫茶店でお気に入りのハーブティーを飲んだりするゆとりも生まれ、ストレスと疲労がたまっていたころとは比べものにならないくらい、顔色もよくなりました。

そして、そのことを誰より喜んでいるのは、L子さん自身に加えて、L子さんのご家族ではないかと思います。

Case 7 独身サラリーマンM君は自分を素直に表現できるようになった

「強くあれ」というドライバーが強いM君（61ページ参照）は、本音の気持ちを表現することができませんでした。気持ちを表現する代わりに正論を主張するので、相手と議論を戦わせることが多かったのです。遠距離恋愛の婚約者とも、少し気まずくなっていました。またM君は、人の気持ちに共感するのも苦手でした。

M君としては、いい人間関係を築いていくためにも、自分の気持ちを素直に表現できるようになりたいし、人の気持ちに共感できるようになりたいと思っていましたが、「強くあれ」というドライバーのために、いつも自分の気持ちをガードして隠していたわけです。

M君は、「強くあれ」というドライバーのもとになっているビリーフとして、次の3つのビリーフを見つけました。

6 ビリーフを探る（B）

❸「核となるあり方」を妨げているビリーフ

- 弱いところを人に見せてはいけない
- 感情を表に出すべきではない
- さびしいとか悲しいという感情はみっともない感情である

そして「弱いところを人に見せてはいけない」というビリーフに対して、書き換えのワークをしました。

ビリーフには、次のように反論しました。

10非合理的ビリーフに反論する

❸そのビリーフに対する反論

人間は誰でも弱いところを持っているのだから、それを人に見せずに生きるというのは無理がある。

その弱いところを隠すことに、ムダなエネルギーを浪費してしまう。しかも、弱いところを隠すというのは、不正直だし不誠実だ。

気持ちを隠すために、理屈や正論を主張することになる。だから議論になるのだ。戦いになるのだ。

自分の気持ちをオープンに打ち明けたら、議論を戦わせなくてすむ。正論に対しては反論もあるけど、気持ちに対しては共感をしてもらいやすいからだ。

弱いところを見せたからといって、軽蔑されるわけではない。むしろ、信頼関係を築きやすくなるのだ。

そして、新しく採用した考え方は、次のようなものでした。

11効果的な考え方を採用する

❶効果的な考え方

感じるままを感じてもいい。感じるままを表現してもいい。大丈夫なふりをしなくていい。さびしさもつらさも悲しさも、表現していいんだ。

人間誰でも弱いところがある。それを素直に表現すれば、理屈を主張したり、相手を攻撃したりする必要がなくなる。相手と理解し合う近道になる。

本音で相談し合える友達をつくるためにも、正直で誠実なコミュニケーションをとろう。自分の気持ちを素直に表現してみよう。

セルフトークは、「弱い自分も大好きだ。正直な自分を誇りに思う」でした。

また、行動課題は、「自分の正直な気持ちを言葉にする」というものでした。その１つとして、日記を書き始め、１日のできごとだけでなく、１日の自分の気持ちを書くようにしたのです。日記を１回書くたびに、チェックを１個付けました。また、自分の気持ちを言葉にして、誰か他の人に伝えた場合は、チェックを５個付けました。この場合、口頭でも、メールでも、手紙でも、何でもＯＫというルールにしました。

M君は、日記を書いていて、最初は自分の気持ちがわからなくて、なかなか言葉にできませんでした。怒りの気持ちだけは自覚できるのですが、「怒りの奥にある本心は？」と突きつめて考えてみると、その答えが見つからないのです。

すこし補足しておきますと、「怒り」は２次的な感情と言われています。その奥にある本心を隠す仮面のような感情です。

たとえば、喫茶店に入って、どの席に座ろうかと迷っている時に、ウエイトレスに「ぐずぐずしないで、さっさと座って下さい」と言われたら、腹を立てる人は多いと思います。怒りが湧いてくるわけです。

しかし、その怒りの奥には、「客なのに、そんなふうに扱われるとみじめだ」とか「グズって言われたみたいで悲しい」などの１次的な感情があって、「そんな気持ちにさせたウエイトレスは許せない」という怒りにすりかわっているのです。

このように、怒りの背後には、期待どおりにならなかった時の「悲しみ」や「不安」「がっかり」などが隠れています。

さて、M君なんですが、日記を書くことが習慣になってきてからは、日常生活の中でも自分の感情に気づくことが多くなってきました。

怒りが出てきても、後で「ん？　今の怒りの背後にあった感情は？」と振り返ることができるようになり、自分の中の悲しみや不安に気づいてきました。これも日記を書くことの効果です。

その後M君は、とくに婚約者に対して、メールを使って気持ちを表現することにチャレンジしました。直接話すのと比べて、メールだと抵抗が少なかったのです。

そして、次第に慣れてきて、今では直接話す時も、気持ちを伝えることができるようになってきました。また、相手の話に対しても、「それは不安だろうね」とか「つらい思いをしたね」と共感できるようになってきたとのことです。

婚約者との関係では、以前とは比べものにならないくらい、おたがいを理解し合えるようになったそうです。また、職場でも、不必要な議論をすることが減ってきて、スムーズなコミュニケーションがとれるようになったとのことです。

Case 8 OLのN子さんは嫌な誘いをきちんと断れるようになった

「相手を喜ばせろ」というドライバーが強いN子さん（64ページ参照）は、相手の機嫌を気にするあまり、いつも自分が我慢していました。「ノー」と断れないため、気乗りしないものに付き合ったり、苦痛な時間を過ごすことも珍しくありませんでした。そのため、人間関係が楽しめないうえに、ストレスもためていました。

N子さんとしては、「相手を喜ばせろ」というドライバーを弱めて、嫌な時には「ノー」と断ることができる自分になり、楽に生きることができるようになりたいと思いました。

N子さんは、「相手を喜ばせろ」というドライバーのもとになっているビリーフを2つに特定しました。

5 ビリーフを探る（A）

❸「最も効果的な行動」を妨げているビリーフ

・相手を不機嫌にするべきではない
・自分の気持ちを優先するべきではない

そして、「相手を不機嫌にするべきではない」というビリーフに対して、書き換えのワークに取り組みました。

N子さんの反論は、次のようなものでした。

10非合理的ビリーフに反論する

❸そのビリーフに対する反論

相手が不機嫌になるかどうかは相手の問題。相手の感情に対して、私が責任を背負い込むのはおかしい。

最初から不機嫌な人もいれば、すぐに不機嫌になるタイプの人もいる。そんな人たちの機嫌をとろうとしていたら、私は振り回されっぱなしになる。相手も私に依存してきて、ますますやっかいなことになる。こうして相手のことを嫌いになってしまう。

相手が不機嫌になったところで、私にとっては大きな問題ではない。私には、たいした影響はない。もし相手が、不機嫌の原因を私に押し付けてきたら、おかしいのは相手だ。私に責任はない。

そして、新しく採用した考え方は、次のとおりです。

11効果的な考え方を採用する

❶効果的な考え方

私が責任を持つのは私の感情。相手の感情に責任を持たなくていい。だから、自分の気持ちを大切にしよう。自分が気分よく過ごせるように、嫌な事には嫌と言おう。

自分の気持ちを優先すれば、相手とも無理のない関係がつくれる。その方が、私も楽だし、関係も長続きする。

もし、自分の気持ちを大切にした結果、相手が不機嫌になったら、その時は、放っておこう。相手の問題なのだから。

また、N子さんは、ゲシュタルト療法の創始者であるF・パールズ博士の「ゲシュタルトの祈り」に大変感銘を受けました。「新しく採用する考え方」とともに、この「ゲシュタルトの祈り」もテープに録音して、聞きながら寝るようにしました。

「ゲシュタルトの祈り」

私は私のことをする。
あなたはあなたのことをする。

私は、あなたの期待に応えるために生きているわけではない。
そしてあなたも、私の期待に応えるために生きているわけではない。

私は私、あなたはあなた。

もしも偶然、私たちの心が触れ合うならば、それは素敵なことだ。
もし触れ合えないとしても、それは仕方のないことだ、

（F・パールズ博士）

セルフトークの言葉は、「私の気持ちを優先していい」「私の感情は私の責任、相手の感情は相手の責任」という言葉でした。
ビリーフを弱めるための行動課題は、「気乗りしないことや、嫌なことに対して断る」という、シンプルでストレートなものでした。

さらにN子さんは、自分の気持ちを上手に表現するコミュニケー

ションスキルとして、アサーション（自己表現）を学びました。このアサーションのスキルを身につけることで、「断る」という行動を、自信を持ってできるようになりました。

こうしてN子さんは、人間関係で不必要に身構える必要もなくなり、リラックスした人間関係を楽しめるようになりました。

Case 9 管理職Oさんは時間に追われる人生から解放された

「急げ」のドライバーが強いOさん（67ページ参照）は、のんびりすることができなくて、いつも急き立てられていました。効率的に動いていないとイライラしてしまい、部下の話も最後まで聞けませんでした。家族と遊びに行っても、先のことばかり考えているので、「今、ここ」での感動を共有することができなかったのです。

この「急げ」というドライバーを弱めることができたら、イライラやストレスもずいぶん減るだろうと考えました。また、部下や家族の話をじっくり聞いたり、「今、ここ」での経験を共有できるようになれば、人生がもっと豊かなものになるだろうと思いました。

Oさんの場合、「急げ」というドライバーのもとになっていたのは、次の3つのビリーフでした。

6 ビリーフを探る（B）

❸「核となるあり方」を妨げているビリーフ

- 何事も、少しでも早くやり遂げねばならない
- ムダな時間を過ごさず、急がねばならない
- 早く結果を出さねばならない

そして弱めるビリーフとして、「ムダな時間を過ごさず、いつも急がねばならない」を選びました。

ビリーフを弱めるための反論は次のとおりです。

⑩非合理的ビリーフに反論する

❸そのビリーフに対する反論

ムダな時間を過ごさないといっても、何をもってムダとするのかを、よく考えたことがない。家族とゆっくり話す時間がムダとは限らないし、部下の話をじっくり聞いてやることも大事なことだ。

これまでムダだと思ってきたことの中にも、本当はムダではない大切なことがいろいろある。急いでばかりいるから、本当に大切なものを見失うのかもしれない。

ムダと思えることをやってみて発見することもあるはずだ。ゆっくり進むことで気づくこともあるはずだ。急ぐ時もあっていいが、いつも急がねばならないということはないはずだ。

人生はレースではない。私は競馬の馬ではない。人間らしく、今この瞬間の感動を味わって生きるためには、急がない時間、ゆっくりした時間、今を楽しむ時間も大切だ。

そして、新しく採用した考え方は次のようなものでした。

⑪効果的な考え方を採用する

❶効果的な考え方

今この瞬間を味わえる余裕を持とう。家族と感動を共有したり、部下の話をじっくり聞いてやったりできる余裕を持とう。そのためには、いつも急いでばかりでなくて、静かにのんびり過ごす時間も必要だ。

効率ばかり優先して、結果を出そうと焦ったところで、人生はせいぜい１００年以内。死ぬ時に、人生で出した結果は持っていけないのだ。

人生とは、生まれてから死ぬまでのプロセスのことを言うのだ。プロセスを大切に味わおう。人生を味わいながら生きよう。

採用したセルフトークは、「時にはムダを楽しもう」「急がば回れ」の２つでした。

行動課題の候補として、次のようなものを挙げました。

12変化を促進する仕組み作り

❶非合理的ビリーフを弱める行動

・家族と外出する時は、本や書類を持っていかない

・家族や部下の話を聞く時は、時間の許す範囲で、最後まで聞く

◎あえてムダと思えることを楽しんでみる

・優雅な動作の練習をする

・静かに座り呼吸法の訓練をする

・園芸を楽しむ

※課題として選ぶ行動に◎を付けて下さい（＝行動課題）

この中から、「あえてムダと思えるものを楽しんでみる」というのを行動課題に選び、１回実行するごとにチェックを付けました。

また、優雅な動作をするものとして太極拳を見つけ、スポーツジムでやっていた太極拳のコースに申し込みました。

そして、これも行動課題に追加し、太極拳に１回行くごとにチェックを付けるようにしました。

Oさんの場合、ドライバーを弱める行動に取り組み始めてから約1年が経過しますが、ずいぶん変化しました。太極拳も継続していますし、以前は「ストレスがたまるだけ」と言っていた陶芸や釣りも、今は趣味に加わったそうです。また、イライラすることが減ったことを、家族からも部下からも言われたと、うれしそうに話しておられました。

自分を、他者を受け入れるために

本書を読み終えたあなたは、「５つのステップ」というパワフルなツールを手にされたことになります。おめでとうございます！

このツールは、今後あなたの人生で、ビジネス、恋愛、夫婦関係、子育て、資格取得などのあらゆる分野において、目標達成を強力にサポートしてくれるでしょう。

今はまだ、「５つのステップ」に取り組み始めたところだと思います。

この時点で、早くも新しい気づきや発見が続出している人もいるでしょう。一方、スムーズにシートに記入できなくて、時間がかかっている人もいるかもしれません。

時間がかかっても大丈夫です。どんな道具でも使えば使うほど上手になるように、この「５つのステップ」も、取り組んでいるうちにスムーズに活用できるようになります。

そして、今後達成したい目標を見つけるたびに、この「５つのステップ」を使うようにすれば、あなたの中の非合理的ビリーフを一つひとつ外していくことができます。

そうすれば、あなたの「幸せ成功力」はますます高まっていくことでしょう。

この「５つのステップ」は、私が学んできた心理学と成功哲学、そしてコーチングの手法を統合して完成させたものです。私自身と私のクライアントたちで成果を実証済みの手法です。

ぜひ、満足できる成果が出るまで取り組んで下さい。

本書はあなたのコーチ役

ご参考までに、私自身のことも少しお話しましょう。私は高校時代、対人恐怖症で悩みました。当時、クラスメイトと会話をするにも緊張し、学校に行くのがとてもつらかったのを覚えています。

その後、大学に入ってから、心理学の本を読みあさるようになりました。また、いくつかの心理療法を自分で試し、1年くらいかけて、対人恐怖症から回復するに至りました。

私が心理学を学ぶきっかけになったのは、自分の対人恐怖症だったのです。

そう考えると、当時は大変苦しみましたが、今では次のように思えます。

「対人恐怖症でよかった。そのおかげで心理学に興味をもてたし、今の仕事に出会うことができた」

人それぞれ、人生でさまざまな問題に出会うと思いますが、その問題を解決したあかつきには、必ず次のように思える時が来ると信じています。

「あの問題があってよかった。あの問題のおかげで、成長できたし、○○に出会えた」

あなたが問題を解決して前進するときに、本書があなたのコーチ役を果たしてくれることと思います。

そして、どんな問題もあなたを成長させ、あなたに収穫をもたらすために起こるのだということを覚えておいて下さい。

自分にやさしく、他人にやさしく

「５つのステップ」に取り組まれる際のポイントについても、いくつか確認しておきましょう。

まず、１つ目のポイントです。あなた自身の非合理的ビリーフを、いくつも発見することになると思いますが、非合理的ビリーフを抱えている自分を責めないで下さい。

それらのビリーフは、子ども時代を安全に過ごすために必要だったのです。

だから、非合理的ビリーフを抱えている自分をやさしく受け入れながら、ビリーフへの反論を試みてください。

続いて２つ目のポイントです。非合理的ビリーフがもたらす感情を抑えたりごまかしたりしないで下さい。

たとえば、「人前では完全な自分であらねばならない」というビリーフをもっていたら、このビリーフを信じているがゆえに、人前に出ると緊張してしまうと思います。そんな時、緊張感を抑えないで下さい。十分に感じてください。

感情は、抑圧したり、感じないふりをしたりするほど、後に残ってコントロールしづらくなります。むしろ、感情は十分に感じて味わった方が、解放されるのです。感情は受け入れて味わい、ビリーフに向けて反論を考えて下さい。

３つ目のポイントは、自分以外の人の非合理的ビリーフを変えようとしない、ということです。

人は誰もが、いくつもの非合理的ビリーフを持っています。そして、自ら変えたいと思ってはじめて、ビリーフを変えていくことができるのです。逆に、他者から指摘されると、変えたくなくなるケースも多いのです。

他者に対しては、その人が持っている非合理的ビリーフも含めて、その人をまるごと受け入れるよう心がけてください。そして、その人のビリーフを指摘したくなったら我慢して、さりげなく情報を提供してあげてください。本書をプレゼントしてあげるのも１つの方法ですね。

以上、３つのポイントをまとめると、
「自分にやさしく、他人にやさしく」
という言葉になると思います。

心からのありがとう

最後に、本書が世に出るに至ったプロセスを少し振り返ってみます。

きっかけは、2004年末から始めたブログ「幸せ成功力を日増しに高めるＥＱコーチング」（http://coaching.livedoor.biz/）です。

当時は、私のクライアント枠が定員いっぱいになり、私のコーチングを受けたいと希望される方にお断りをし始めた時期でした。

そこで、ブログを通じて、私のコーチングの考え方やノウハウを公開していこうと考えたのです。

その後、短期間で驚くほどブログへのアクセスが増えました。おかげさまで、人気blogランキングでトップになるほどのご支持をいただいております（社会・経済［全般］ジャンル。2006年３月５日現在)。そのことで、私のコーチングに対してたくさんの人からのニーズがあることを確信したのです。

そして、本を書こうと思い立ったのが2005年の６月くらいだったと思います。その後、よいご縁を得て今回の出版に至ったわけです。

本書を書くに当たっては、私がコーチングでやっている５つのステップを、記入シートも使って再現することにチャレンジしました。

こうした体系的な内容は、少しずつ記事を書いていくブログでは公開できなかったのです。また、原稿を書き下ろす過程で、自分のやり方をさらにヴァージョンアップすることができました。
あとは、読者のみなさんのお役に立つようにと願うばかりです。

本書を出版するに当たっては、数え切れないほどたくさんの方々にお世話になりました。心から感謝します。
出版の企画の段階で、重要なアドバイスとヒントを提供してくださった出版コンサルタントの土井英司さんと出版プロデューサーの大勝文仁さんには、大きなきっかけをいただきました。ありがとうございます。

また、本書を読みやすくかつ実際に書き込みやすい本に仕上げるにあたっては、日本実業出版社の編集部のみなさんに、たくさんのクリエイティブな知恵と技術を提供していただきました。感謝しています。

さらに、本書のベースになっているのは、クライアントの方々をサポートしてきた経験です。クライアントのみなさんからは、いつも私自身が教えられています。ありがとうございます。

そして、本書を読んでくれているあなたに感謝します。私が初めて世に出した本を、最後まで読んでくれたあなたには、不思議なご縁を感じます。

最後に、私を育ててくれた両親と、いつも私とともにいてくれる妻と２人の子どもたちに最大限の感謝を送ります。
あなたたちがいなければ、この本は生まれませんでした。いつもありがとう。

著　者

【参考文献】

『ユダヤ人大富豪の教え』 本田健 著　大和書房

『本調子』 清水克衛、本田健ほか 著　総合法令

『幸せな宝地図であなたの夢がかなう』 望月俊孝 著　ゴマブックス

『成功曲線を描こう』 石原明 著　一世出版

『７つの習慣』 スティーブン・Ｒ・コヴィー 著　キングベアー出版

『ＥＱ その潜在力の伸ばし方』 内山喜久雄 著　講談社

『ＥＱ型人間が成功する』 青木匡光 著　産能大学出版部

『ＥＱ こころの知能指数』ダニエル・ゴールマン 著　講談社

『自己発見の心理学』 国分康孝 著　講談社現代新書

『性格は変えられない、それでも人生は変えられる』 アルバート・エリス 著　ダイヤモンド社

『理性感情行動療法』 アルバート・エリス著　金子書房

『心のつぶやきがあなたを変える』 井上和臣 著　星和書店

『人生ドラマの自己分析』 杉田峰康 著　創元社

『形から入って心をつくれ』 村上哲大 著　日本教文社

『ライフストラテジー 人生戦略』 フィリップ・マグロー 著　きこ書房

『そのままのあなたが素晴らしい』 田中信生 著　ダイヤモンド社

『心時代の夜明け』 衛藤信之 著　ＰＨＰ研究所

『ちょっと悲しいビジービー ちょっとリッチなクールビー』 川西茂 著　グラフ社

野口嘉則（のぐち　よしのり）

1963年広島生まれ。広島大学経済学部卒。在学中から心理学や成功哲学に関連する本を読みあさる。
大学卒業後、リクルートに入社。その後独立し、メンタルマネジメントの講師としてのべ3万人以上に講演する。
99年に心理コンサルティング事務所を開設。2003年には（有）コーチング・マネジメントを設立、その後150人以上のクライアントの目標達成と自己実現をサポートしている。
「半年待ち」にもかかわらず、クライアント希望者からはコーチング依頼が引きも切らない。
2004年12月に始めたブログ「幸せ成功力を日増しに高めるEQコーチング」が瞬く間にアクセス数を増やし、人気Blogランキング（社会・経済［全般］ジャンル）首位を快走中である。
著書にベストセラーとなった『鏡の法則』（総合法令）がある。
著者ブログURL
http://coaching.livedoor.biz/

＜ブログ人気No.1コーチが教える＞
幸せ成功力を日増しに高めるEQノート

2006年2月1日　初版発行
2006年10月1日　第8刷発行

著　者　野口嘉則

発行者　上林健一

発行所　株式会社日本実業出版社　東京都文京区本郷3－2－12　〒113-0033
大阪市北区西天満6－8－1　〒530-0047
編集部　☎03-3814-5651
営業部　☎03-3814-5161　振　替　00170-1-25349
http://www.njg.co.jp/

印刷・製本／図書印刷

この本の内容についてのお問合せは、書面かFAX（03-3818-2723）にてお願い致します。
落丁・乱丁本は、送料小社負担にて、お取り替え致します。

ISBN 4-534-04019-9　Printed in JAPAN